好妈妈
每天10分钟的
亲子游戏

[韩] **金姝延**◎著
李小晨◎译

北京联合出版公司
Beijing United Publishing Co.,Ltd.

推荐序

和妈妈一起做游戏，是给孩子的最好礼物

从事儿童咨询与家庭咨询工作 20 年以来，我被父母们问到最多的问题就是“应该如何与孩子做游戏？”家长们一般都不清楚要如何做游戏，购买怎样的玩具，抑或在游戏当中该如何回答孩子的问题，以及采取怎样的行动。就算知道，他们也不确定自己做得到底对不对。

其实最重要的还是要做符合孩子年龄段（即符合专家所说的各发育阶段）需求的游戏。“做符合孩子年龄段需求的游戏”并不是指要买高价的玩具，或者对孩子的任何举动都给予夸张的反应。父母应该先了解孩子在现阶段想要做什么样的游戏，然后再看看家中有什么可以利用的材料，能不能做出简单而又能够满足孩子好奇心的东西。只要我们将作者提供的游戏技巧应用到生活当中，就可能会成为好爸爸、好妈妈，而且也不用再因为要学习其他的高难度游戏而感到有负担。这些生活化的、自然的游戏反而对孩子的成长更有好处。本书的作者能够通过教育自己的孩子，开发出“妈妈牌”游戏，真是一件功德无量的事情！

仔细分析本书中的游戏，我们可以看到，在这些游戏当中包含了很多育儿专家推

荐的要素。

第一，本书中关于视觉、听觉、触觉、嗅觉、味觉的认知游戏与孩子各年龄段的“发育需要”紧密地联系到了一起。在使用到的游戏材料中，塑料可以满足孩子视觉、触觉、听觉、嗅觉方面的好奇心，而衣服夹子能够使孩子的肌肉得到锻炼。其实孩子的好奇心表现在很多方面。孩子在成长过程中的游戏愿望是无穷无尽的，而本书作者深知这一点。

第二，通过认知游戏，可以让孩子感受到什么是“自由”，什么是“控制”。2~7岁是孩子了解现实、学习社会规范的关键时期。通过相应的游戏，孩子能够体会到“更大的自由感”和“更大的控制感”。因为这样的游戏能够释放压力，缓解紧张感，所以孩子在做游戏的过程中会十分快乐。多做这样的游戏有助于调节孩子的日常心理、生理状态，同时加强孩子与父母的沟通，从而表现出更好的合作性。

第三，书中的游戏材料大多来自日常生活。这可以培养孩子的游戏自发性。因为都是日常生活中看得到的物品，甚至是食物或是废品，所以孩子自己就可以随时做游戏。而且这种自发的、出于好奇心的游戏更能给孩子带来快乐。此外，使用日常用品还减少了父母购买玩具的负担。

本书作者开发的“妈妈牌”游戏，以其作为母亲所特有的敏锐的洞察力为基础，有趣且能唤起孩子的好奇心，满足了孩子的认知需要，对于2~7岁孩子的妈妈们来说十分有参考价值。希望本书中的114种游戏能够成为更多妈妈打开游戏之门的钥匙。相信这些日常游戏能够陪伴更多的孩子度过幸福的童年。家庭的幸福与安定不正是源于父母这样的尝试吗?

圆光儿童咨询研究所所长 张在玲

自 序

“妈妈牌”游戏就这样开始了

我住在韩国大邱，有两个儿子，一个 7 岁，一个 3 岁。和其他妈妈一样，我在怀孕的时候也买了很多育儿书籍，好像看了这些书，孩子就一定能够健康成长似的。但孩子出生后我才深刻地感受到，实践与理论之间有着天壤之别。因为无论是孩子的饮食休息、成长过程还是所做的游戏都与书中所写的不同。

怀孕的时候，大部分的妈妈只是一心希望自己的孩子能和其他孩子一样健康成长；但是当孩子出生 2~3 年之后，随着育儿教育的展开，妈妈们便开始希望自己的孩子能够高人一等，所以她们选择将孩子送入各类兴趣班。我也是怀着这样的心情，在大儿子 5 岁的时候将他送到了社区里的美术班。这也让我有了从教室窗外看孩子上课的机会。然而，我发现，由于一名老师要指导多名孩子，所以当孩子不懂得如何画，而向老师发出求助信号时，老师往往不能及时接收到，因而无法给予恰当的指导。

对于多数母亲来说，哪怕孩子只一个眼神也能知道他需要些什么，但是很遗憾，老师似乎很难做到这一点。所以为了让孩子能够得到更好的照顾，我毅然终止了他在兴趣班的学习，然后带着他去文具店购买了各种材料。因为事先没有学习过，所以第

一次我只是用牛奶盒给孩子做了一只企鹅。虽然样子不太好看，但是他却很喜欢，甚至睡觉的时候都要放在枕边，这使我认识到孩子最喜欢的原来还是和妈妈一起做游戏。自此以后，我便正式开始了对孩子的游戏教育。最初一周只有一次，但是随着次数的增多，我渐渐开始掌握要领，现在几乎每天都通过游戏给孩子上课。而且游戏的内容也从废物利用的手工游戏，渐渐扩展到美术游戏、身体游戏、烹饪游戏等各种类型。这样每天有计划地通过游戏进行学习，孩子们也都乐在其中，所以几乎不会再缠着我给他们买其他玩具了。

很久以前，我就开始用博客记录与孩子一起游戏的内容。出乎我意料的是，居然有很多网友关注了我的博客。后来，我便不再单纯地上传游戏内容，还尽可能地将自己的游戏育儿理论与信息也分享给大家。与此同时，为了成为更好的妈妈，我也开始学习各种有关育儿教育的专业知识，并顺利获得了 POP（手绘美工师）2 级证书、儿童教育专业顾问资格证书，以及童话故事讲演资格证书等，同时在新闻、杂志等媒体上连载专栏。

“妈妈牌”游戏只是单纯地与妈妈一起做游戏

在这里，需要特别说明一点：不是说进行了“妈妈牌”游戏，孩子就干脆连幼儿园、托儿所都不用上了。我的孩子也在上幼儿园和托儿所。当然，他们并不是整天待在那里，而是只听上午的课。而我便利用这半天的时间准备游戏内容，以便下午与孩子一起做游戏。虽然这样做很忙碌、很辛苦，但也很充实，孩子更会因此倍加信赖我、支持我。

访问我博客的妈妈们大多都有这样一个问题，那就是不知道要如何与孩子一起做游戏。其实孩子并不奢望妈妈能像专业老师一样，他们只是希望妈妈在做游戏的时候能够了解他们的想法与需要。这难道不才是育儿教育中最重要的吗？只要妈妈们单纯地与孩子一起做游戏，不再拔苗助长，那么，做游戏就一定是快乐的。所以妈妈们千万不要把“妈妈牌”游戏当成在给孩子上课。

我想将力量传递给所有的妈妈

如今因为教育费用越来越高，很多妈妈必须兼职，同时做很多份工作。所以对于一些妈妈来讲，她们并没有条件像书中所说的那样每天与孩子做游戏。但事实上，妈妈们并不需要每天都与孩子一起做游戏。就算只在周末与孩子度过一段短暂的时光，也仍然足以加深亲子关系，并通过认知游戏的方式，自然而然地达到学习效果。而且，孩子今后会遇到青春期、学业等诸多方面的问题，我希望能通过游戏建立亲密的母子关系，以便将来像朋友一样帮助他们渡过难关。

要知道，孩子能够像小鸟一样环绕在妈妈周围的时间只有这短短几年。不知不觉间，他们便会长大成人，离开妈妈的怀抱，所以必须趁现在多与孩子相处。以后这将不仅仅是孩子的回忆，也会是妈妈的回忆。满怀着爱与孩子一起做游戏，就一定能够使孩子茁壮成长。妈妈们，加油！

博客使我结交到了很多好朋友。在这里谢谢所有支持我、给予我力量的朋友们。虽然写书的过程并不顺利，很辛苦，也颇费周折，但我仍然乐在其中。今后我一定会更加努力，将更好的内容分享给大家。谢谢！

金姝延

目 录

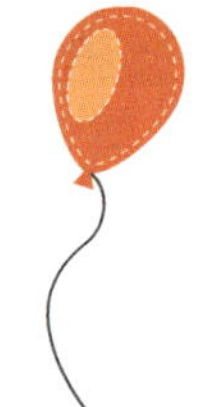

PART 1 和妈妈一起做的手工游戏

PART 2 和妈妈一起做的身体游戏

PART 3 和妈妈一起做的美术游戏

PART  和妈妈一起做的烹饪游戏

适龄游戏检索

2~4岁游戏清单

5~7岁游戏清单

2~7岁游戏清单

和妈妈一起做的认知能力开发游戏

不同年龄段的孩子，做不同的游戏

和孩子一起做游戏的时候，最重要的是要充分考虑孩子的年龄段。不同年龄段的孩子，认知能力发育情况也不同。

孩子从出生起，其认知能力便依次按照触觉—味觉—嗅觉—听觉—视觉的顺序发育。也正因为发育顺序不同，各阶段选择的玩具也要不同。例如，1~2 个月的孩子，其眼睛刚开始学会聚焦，这时父母可以在其床头挂上风铃。因为风铃会随风摆动，孩子可以自然而然地练习聚焦并提高视力。不同年龄段的孩子，所做的游戏会有所不同。只有符合孩子认知能力发育阶段，以及其身体特征的游戏，才是最适合孩子的游戏。

各年龄段儿童认知能力的发育过程请参见下表。

年龄段	发育情况
0~3个月	学会对焦，处于视力发育期。开始能够识别妈妈的声音与气味，同时开始形成味觉。趴在床上会尝试抬头。
3~6个月	开始学会分辨颜色，有触感。能够用手抓东西，听声辨位。
6~12个月	从7个月大开始，能够用双臂支撑起身体，学会坐着。发育快的孩子从11个月大开始能够学步。这个时期能够根据表情做出反应。
12~24个月	好奇心强，需要培养注意力。可以用保龄球游戏、搭积木游戏激发孩子的好奇心。这个阶段，孩子只能发出简单的拟声拟态词，家长在给孩子讲故事的时候要绘声绘色地演绎出来，这样才能获得孩子更大的反应。
24~36个月	处于肌肉发育期，能够分辨出玩具的形状和颜色。要集中开发孩子的智能。利用剪纸（图形、曲线等）游戏、多米诺游戏、数字游戏、猜图游戏、积木游戏等培养孩子动脑筋的习惯。
4~5岁	开始学字，能够参照实物画画。这个时期，可以通过画图、分角色扮演、涂颜料、黏土游戏等培养孩子的想象力和丰富的感情。
6岁以上	交际能力与想象力一起发育的阶段，行动更具有目的性。需要通过与学习有关的想象游戏、编故事游戏、手工游戏、计算游戏、问问题游戏等增加孩子的知识储备。

对于孩子来说，游戏具有十分特别的意义。因为做游戏有助于开发孩子的认知能力。我们小时候所做的抓挠、摇头、拍手等很多游戏都能起到这样的作用，而这些游戏中又以那些需要用到手的游戏最为有益，因为它们不仅利于孩子认知能力的开发，同时还有助于加深孩子与父母之间的感情。

本书所介绍的游戏大部分适合于2~7岁的孩子。也许有人会问，家里有两个孩子自然可以做双人游戏，可是如果只有一个孩子，该怎么办呢？不用担心，就算是独生子女，只要父母一起参加，效果也不会有太大的差别。但如果孩子很难独自完成游戏，或者父母想要培养孩子的竞争意识，也可以选择让孩子与同年龄的其他小朋友一起做游戏。

认知游戏开始前的准备工作

看过我博客的很多妈妈都提出了这样的问题，那就是在做染色游戏、面粉游戏等身体游戏时，“善后”工作应该如何来做。因为在做这些身体游戏的时候，孩子会到处乱跑，家里往往会变得乱七八糟。而最后打扫的工作往往都是由妈妈来做。

对此，我想了几个可以轻松整理的方法。首先在身体游戏开始之前，最好在地上铺上塑料布或者用塑料布在周边做好防护。这样清理起来就会变得简单许多，孩子也可以玩得更加尽兴。当然妈妈们还是要辛苦一下。

然而，在做与水有关的游戏时，不管用塑料布还是什么都无法避免“水灾”的发生。而且由于收拾起来太过麻烦，不管孩子玩得多开心，妈妈们往往都不想再做第二次了。实际上在做这类游戏时，我们不妨使用一下浴室。既然大家每周都要清扫浴室，那不妨在清扫前干脆就让孩子在浴室大玩一场。

▲在地上铺报纸

▲在地上铺塑料布

▲在浴室玩身体游戏

▲在隔离好的空间做游戏

这样做游戏，欢乐倍增

购买符合孩子年龄段的书

在和孩子做游戏的时候，书是不可或缺的。我一般不会在网上购买，而是直接带着孩子到书店去挑选。这样一来，既可以直接看到书中的内容，又可以充分考虑孩子的需要。每看完一本就到书店再买一本，如此反复，孩子就会产生好奇心，不再产生对下一阶段学习的恐惧。另外，出书店后给孩子买上一些零食，也能消除孩子对书店的恐惧。

▶和妈妈一起回答问题

孩子认字后也需要妈妈的指导

孩子不认字的时候，一般是由妈妈来给孩子读故事。但是认字后，大部分就由孩子自己来读了。我是在孩子 6 岁时就让他自己来读故事了。但是我发现孩子自己读书时很容易读漏一些字。大概是因为读书变成了一项任务，所以他讨厌读书吧。因此，在孩子能够独立理解故事内容之前，家长们一定要在旁辅导，并且适当加入一些拟声词、拟态词调动孩子的读书积极性。而且不要只是读书，读书后的学习也很重要。比如让孩子说出对所读故事的感想，这样有助于加深孩子对书中内容的印象。

游戏仅需15~30分钟

做游戏时，孩子能够完全精神集中的时间很短。所以如果游戏进行时间过长，虽然妈妈以为孩子仍在聚精会神，但实际上其早已注意力下降、身体疲劳了。有时候，孩子还会因此对游戏失去兴趣。对于孩子来说，游戏时间控制在 15~30 分钟为宜。可能的话，最好在游戏之前就做好所有前期准备，这样做游戏时，孩子才会更集中精神。特别是美术游戏，最好在读完书，或完成其他学习任务后再开始。因为如果游戏后还有其他事情要做，会让孩子心里有负担，妨碍其尽情游戏。游戏是一种释放孩子压力的有效途径，所以一定要给孩子充足的时间。

不要阻止孩子的做法

做游戏时最好事先定好主题，因为这样能够扩大游戏的学习效果。例如以季节为主题，妈妈问“××啊，秋天到了，说到秋天最先想起什么啊”，这时孩子就会将自己的感受告诉妈妈。但由于孩子对季节的认识还不够完全，可能给出的答案与妈妈想的有出入，甚至有时还会和其他季节混淆。在这种情况下，妈妈一定不能说“这不对”。因为孩子们所感受到的秋天，的确和大人所感受到的会有所不同。随着年龄的增长，他们会自己辨别清楚的。

例如，不久前我让孩子们以秋天为主题画一幅画，结果他们竟然把树画成了绿色。于是我便问他们：“秋天枫树的叶子不是红色的吗？为什么画成绿色啊？”孩子们答道：“去年秋天和爸爸出去玩的时候看到的叶子不是绿色的吗？”原来，孩子们记住的是枫叶染红之前的秋天。所以如果妈妈们说“秋天的树叶一定要画成红色”，就阻碍了孩子的自由发挥与想象。

妈妈要努力成为“话痨”

妈妈要尽量做到让孩子自然而然地学习。例如，看到停车场的车牌号或者公交车的号牌就可以让孩子做数数游戏；在乡下看到蜘蛛，不要仅仅告诉孩子“这是蜘蛛”，还要将其他有关蜘蛛的知识一并告诉他，比如“蜘蛛分为头胸部和腹部”等。妈妈要尽量像这样通过聊天的形式自然地给孩子教授知识。在聊天过程中如果加入童话故事，将更有助于发挥孩子们的创意。所以妈妈越像“话痨”，孩子就会越有创意。

妈妈不要总是帮助孩子

很多妈妈在和孩子一起做游戏时总是会不自觉地干涉孩子，但孩子和大人在想法与身体条件上都有一定差异，所以即使觉得孩子做得不够好或者做得太慢，也不要为了赶进度而上前帮忙。因为妈妈这样做会使孩子产生压力，总是会不自觉地看妈妈的脸色。妈妈一定要给孩子充足的游戏时间，就算孩子请求帮助也不要全帮，否则这就不是孩子的游戏，而是妈妈的游戏了。

例如妈妈先画了一个四边形，然后让孩子照着画一个。这时孩子可能会担心自己画的不如妈妈好看而让妈妈帮忙画。在这种情况下，妈妈可以在纸上画四个点，然后让孩子试着用蜡笔把这四个点连起来。这样，虽然妈妈帮了一点小忙，但孩子还是会从中获得自信。所以做游戏时妈妈不过多干涉，反而会使游戏的效果最大化，让孩子获得更多的自信。

不要害怕孩子乱写乱画

孩子学会使用圆珠笔或是蜡笔后就会在家中乱写乱画。这时妈妈们都会伤透脑筋，因为如果不允许画，会有碍孩子创意力的培养；如果允许画，家里又会因此变得脏乱不堪。但我们不能因此就批评孩子，因为涂鸦不仅能够锻炼孩子的手部肌肉，同时还能够让孩子获得视觉上的满足，而批评只会让孩子失去对绘画的兴趣。所以我们最好给孩子留出一部分空间，专门供其涂鸦。同时，我们要和孩子约法三章，告诉他不要在涂鸦板以外的地方画画。孩子在理解之后也会自觉遵守。

▲专用涂鸦板

培养孩子的自信心

培养自信心对孩子以后的人生非常重要，这也是我们做游戏的主要目的之一。手工游戏、美术游戏、烹饪游戏等都对增强孩子的自信非常有帮助，游戏过后，我们可以看到孩子与其他孩子的明显区别。制作好的手工作品、教学用具以及美术作品不要扔掉或者放到仓库里，而要放在孩子随时都能看到的地方。

▲客厅作品展示

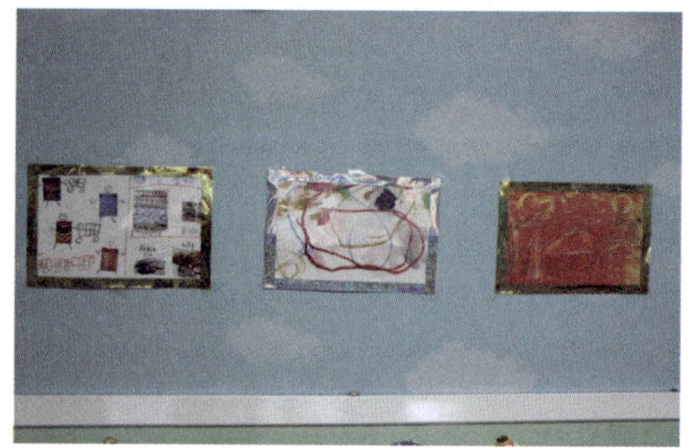

▲客厅墙壁作品展示

▲讨论展示的作品

由于孩子的画会越来越多，很难每次都用画框装裱。这时候，妈妈就需要学会制作简易画框，之后还可以让孩子学会将自己的作品精心装裱起来。

具体步骤如下：

1 将孩子用心创作的作品从写生本上取下来。

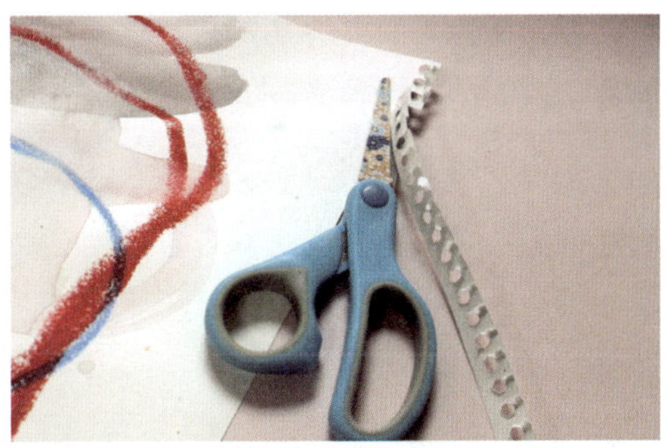

2 用刀或者剪刀将多余的部分剪掉。

3 然后贴上有黏性的透明包装纸。

4 最后用银箔胶带裱框。这样，一幅画就装裱好了。

当孩子的作品足够多时，妈妈还可以在家里定期举办作品展示会。当然，举办展示会并不需要在外面租多大的展厅，只要将家里的客厅装扮成展厅的样子就可以了。作品摆放好后，便可以邀请亲戚朋友或是孩子的同学前来参观。

比起看别人的作品，孩子往往更喜欢展示自己的作品。通过这些作品，家长可以看到孩子能力的提高，而孩子也可以通过讨论增加自信、获得进步。为了更好地举办展示会，最好让孩子做一些互相有关联的作品，这样就可以为一次展会确定一个特定的主题，也便于讨论与学习。

留出孩子与爸爸一起游戏的时间

对孩子最重要的就是健康，相信所有的妈妈都认同这一点。毕竟就算是天才，学习成绩再好，如果身体不健康也没有用。而对孩子身体健康最有好处的就是运动。

特别是对于学龄前儿童，比起学习，运动更为重要。在我家就是美术游戏和运动交替进行，如果今天做美术游戏，那么明天就会做运动。当然，将运动融入美术游戏也是一种不错的做法。如果说美术游戏和妈妈一起做最好，那么运动就是和爸爸一起做最好。其实爸爸们也对育儿非常关心。他们之所以不经常和孩子一起玩，大部分是因为不知道要怎么做，所以我们要将运动时间交给爸爸们。如果不方便外出，也可以利用运动器材在家里做运动。妈妈一定不能像 super woman 一样，抢掉所有爸爸与孩子在一起的时间。妈妈可以让爸爸利用制作好的手工教学用具与孩子一起做游戏，这会大大提高爸爸的育儿参与度，孩子也会和爸爸更为亲近。

▲和爸爸一起做骑马游戏

▲和爸爸一起做美术游戏

▲和爸爸一起打室内篮球

比起玩具，尽量多利用教学用具

如今市面上的玩具越来越多，玩具几乎成了孩子的唯一“玩伴”。并不是说玩具不好，但总让孩子玩这些成型的玩具会有碍其创意力的培养。因此，利用教学用具培养孩子的创意力，就显得尤为重要。如果孩子喜欢卡通人物，就使用那些带卡通人物的教学用具；如果孩子喜欢汽车，就用磁铁教学用具和孩子一起制作汽车；如果孩子喜欢房子，就和孩子一起用积木搭建房子。比起那些成型的玩具，这些可以无限变化的教学用具更有利于孩子创意力的培养。

▲利用教学用具做游戏

制作“妈妈牌”教学用具

如果妈妈心灵手巧，还可以自己动手给孩子制作教学用具。本书提到的多数教学用具，妈妈其实都可以轻易地做出来。虽然可能不如买来的教学用具精致，但是，因为孩子也参与了制作过程，所以他会格外珍惜。而且自己制作教学用具不仅价格低廉，孩子玩起来也会更开心。如果以童话为题材制作教学用具的话，还会有助于孩子对童话故事的理解。

如果想要将教学用具制作得更精致，妈妈就要再多费些心思了。例如，如果要制作与植物有关的教学用具，妈妈首先需要上网学习有关知识，其次需要打印植物图片制作磁铁贴图。而且玩的时候也要边玩边与孩子对话，这样效果才会更好。最后，游戏结束时将教学用具放入密封袋中保存即可。通过游戏来学习不仅更有意思，还会给孩子上学做好铺垫。

▲制作各种各样的“妈妈牌”教学用具

游戏空间装饰方法

对于孩子们来说，养成读书的好习惯非常重要。怀孕的时候我曾以为读书也是遗传的：如果父母聪明，孩子自然就会学习好。但是咨询专家、查阅资料之后，我发现遗传只是一部分，最重要的还是环境。

最初我以为一两岁的孩子什么都不知道，所以带着他们看了很多没有意义的电视节目，玩了很多没有意义的游戏，也给他们买了很多玩具。不知道从什么时候起，孩子们就只知道玩玩具，完全不看书了。虽然玩玩具并不是什么坏事，而且现在也有很多符合孩子年龄段的好玩具，但是在孩子们看来，玩具并不只是单纯的游戏道具。孩子们对玩具有一种依赖性，因此，我们要避免孩子过度依赖玩具。大多数的妈妈都会将书和玩具放在一起。最初我也是这样做的，但最后总是发现书被丢在玩具箱里，玩具被乱放在书架上，所以后来干脆把客厅的玩具全部拿到了别处。

在开始的 2~3 天，孩子们会大哭大闹。但是几天之后，他们的注意力就会自然而然地转移。在这个过程中，我们一定不能训斥孩子，例如说“不许这样”。为了诱发孩子的好奇心，我准备了和玩具一样具有吸引力的玩具书，比如一些立体的、可以发出声音的童话书。就这样，孩子的注意力逐渐转移到了书上，他们甚至还会自己配合书中发出的声音唱歌跳舞。其实只要我们找到适当的方法，孩子就能够对书产生兴趣。此外，我们要给孩子创造良好的读书环境，例如在客厅摆放书架等。当然，像玩具之类的妨碍要素一定要清除干净，但这并不意味着不让孩子玩玩具，而是要单独准备一个给孩子玩玩具的空间。具体来说，家里有三个区域需要专门设置与打理。

有助于养成读书习惯的客厅

下面为您介绍我家的客厅。我家的客厅空间并不大，一面放了书架和书桌，另一面放了儿童桌椅。虽然这样的设计会使客厅看起来很狭窄，但却能够给孩子营造一种学习的氛围，让他们可以随手拿书，以书为友。此外，孩子还可以在这里写字、写读后感。这样的空间，非常有助于培养孩子们读书的习惯。

▲我家的客厅

充满创意的儿童房

因为客厅被用来放书，所以我们需要找到另一个空间供孩子玩玩具、做游戏。于是我把孩子的卧室改造成游戏房。如前所述，我们不能将书与玩具放在一起。提供一个专门放玩具的空间，孩子玩玩具、做游戏时也可以更加尽兴。只要家长规定好读书和玩玩具的时间，孩子就会很好地遵守规则。

▲我家的游戏房

培养孩子观察能力的阳台

阳台是培养孩子观察能力的绝佳空间。一般阳台上都会堆满各种晾晒的衣服，但

▲我家的阳台

我却将阳台打造成孩子的自然观察基地。虽然只使用了阳台的部分空间，但却能作为培养孩子观察力的最佳场所。在这里，孩子既可以观察植物生长的过程，又可以观察金龟子等昆虫的发育过程。这些都对孩子理解自然很有帮助。

最便于在阳台观察的昆虫就是金龟子。买回来时金龟子还是卵，孩子可以观察到金龟子从幼虫变为成虫的整个过程。一边通过书本学习相关知识，一边观察，能大大促进孩子对知识的理解。

常用游戏工具、材料

做游戏时所需要的大多数材料，我们都可以从网上买到。但因为都是孩子们要使用的东西，所以最好还是亲自到实体店里购买比较放心，毕竟安全最重要。孩子们的好奇心都很强，稍不注意就会受伤，因此妈妈们一定要看好材料是否安全再买。在游戏正式开始前，我们先来看一下都需要一些什么材料。

毛绒球：毛绒球像海绵一样柔软，而且颜色、大小不一，可以根据不同的用途进行选择。

眼睛装饰和表情贴纸：能够赋予手工作品以生命力的装饰。背面带有贴纸，可以随意贴在任何地方。品种繁多。

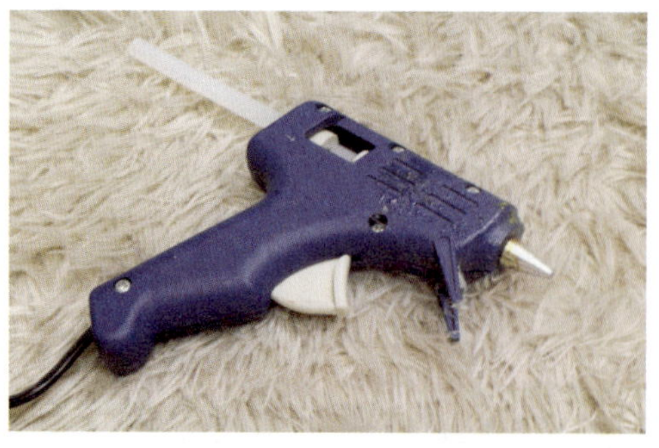

胶枪：用于粘贴东西。在制作游戏道具和美术用品的时候，会经常使用。因为是通电的工具，所以千万不要让孩子触摸。

剪刀：用于剪裁东西，对孩子的肌肉发育有很大帮助。可以购买孩子专用的安全剪刀。

彩笔：主要在文具店出售。粗一些的更好，这样孩子在绘画的时候，线条才会更明显。

彩纸：可以在文具店中购买，一袋中会有各种颜色，甚至还有带花纹的彩纸。

软蜡笔：由颜料和石蜡混合制成，颜色多样。有12种基本色，可以搭配调出其他颜色。

油性笔：主要用于在塑料布和玻璃上绘画，因为是油性的，所以即便遇水也不容易掉色。

儿童专用手绘漆：无毒，使用起来很方便，具有易清洗等特点。

刷子：能够在文具店中买到，大小粗细可以根据需要进行选择。因为可以循环使用，所以购买时最好选择质量较好的。

油性蜡笔：油性蜡笔是蜡笔与油混合后凝固而成的，并不会被经常使用。但是由于具备蜡笔和粉蜡笔的双重特征，可以呈现出油画的效果。

木板切割机：用于切割泡沫板或模型板。因为是热线切割，会有一些味道，所以最好在孩子不在的时候使用。

打孔机：用于给东西打孔。

蜡笔：颜色丰富，画好后再用手轻轻涂一下会有晕染的效果。

磁性贴纸：在制作游戏道具和磁铁黑板时使用，可以随意剪裁，背面带有贴纸，使用起来很容易。

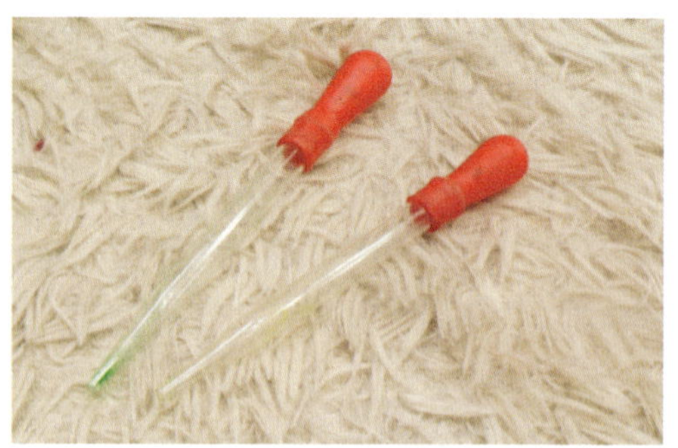

滴管：虽然是在化学实验室中经常用到的器具，但也可以用在美术游戏中。因为是玻璃制品，所以使用时一定要叮嘱孩子多加小心。

多样打孔机：一般打孔机只能打出一个圆孔，但现在也有可以打出其他形状小孔的打孔机，可以在制作卡片和信纸时使用。

绒线铁丝：表面是绒，里面是铁丝，可以任意折叠弯曲。

绳子：用于捆绑东西，或者在需要呈现独特视觉效果的时候使用。

铁丝：在制作花朵或是手捧花时，可用于捆绑花束。

魔术贴： 用于制作游戏道具，可以起到黏合效果。主要用于制作手工画。

贴纸： 可以在文具店中购买，品种很多。在孩子不满 24 个月的时候，使用频率很高。

泡沫球： 用泡沫做的球，很轻，且大小不同，十分适合制作游戏道具。

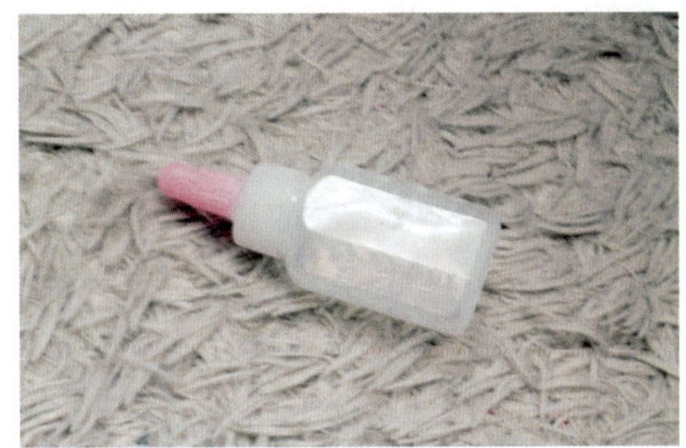

药瓶： 药店有售，用于给孩子喂药。使用后不要丢掉，清洗干净并晾干备用。

丙烯颜料： 丙烯颜料附着力很强，可以用其在碗、木头、布、玻璃等上面作画。与一般的颜料不同，丙烯颜料很容易变干，所以使用后一定要及时清洗画笔。

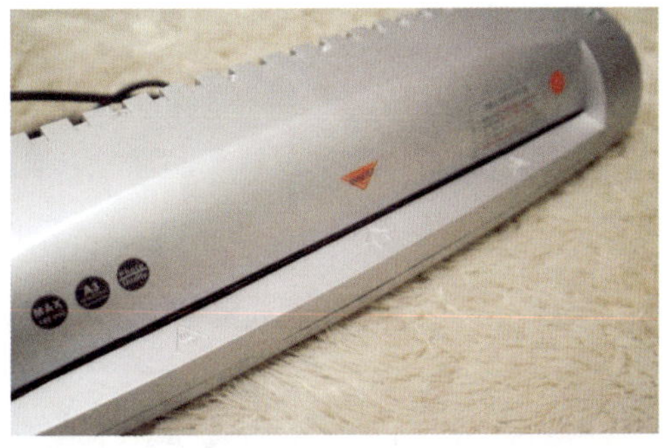

镀膜机： 用于给纸等镀膜，可以在文具店中购买。

塑料膜：也叫镀膜纸，加热后可以被镀在其他东西表面。

泡沫板：用泡沫制成，厚度不一，剪裁、粘贴都很方便。因为分量很轻，所以很适合孩子使用。

纸箱和塑料布：纸箱用胶带粘贴起来后可以作为游戏隔离板。塑料布则可以在文具店中购买。

磁铁黑板：磁铁黑板是游戏当中必不可少的道具。可以将制作好的其他教具吸在磁铁黑板表面。

材料保管

每次做完游戏，总会剩下一些材料，但我又舍不得扔掉。为此，我特意买了一个抽屉柜，将剩余的材料分门别类放在里面，下次拿取时就会很方便。此外，也可以用密封袋将各种材料装好，易于保管、取放。

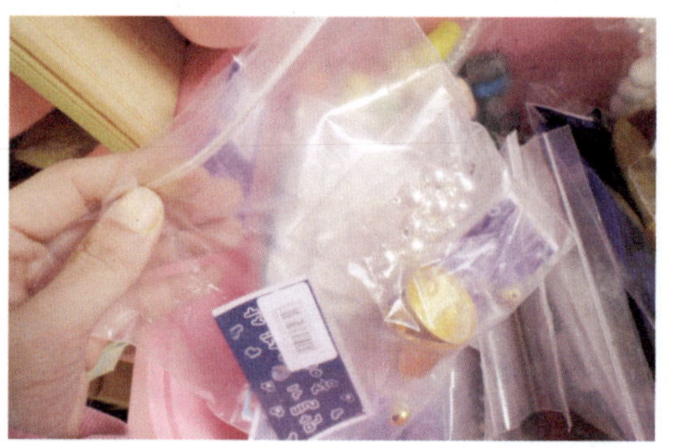

在制作美术用品和游戏道具时，孩子可能会对使用的某些材料表现出畏惧。这时我们不要强迫孩子，给孩子先做个示范即可。因为只要孩子产生好奇心，自然就会跟着去做。

市面上的玩具价格不菲，所以妈妈们在给孩子买玩具的时候往往都会犹豫很久，但一犹豫就错过了孩子玩玩具的最佳时机。如果你也遇到过这样的情况，那不妨自己尝试着做一下。相信比起外面买来的玩具，孩子会更喜欢妈妈制作的贴心玩具。

PART 1

和妈妈一起做的手工游戏

No 1 卡通人物拼图

现在市面上有很多动画人物以及周边产品。就算是同一种玩具，价格也会因上面是否有动画人物而出现很大差异。这样的产品，我们可以给孩子买一两次，但是如果每次都买，一定会感到不小的经济负担。所以我决定根据孩子们喜欢的卡通人物，自己来制作游戏道具。

游戏年龄：2~4岁

准备材料

泡沫板 1 张、双面胶、木板切割机、磁性贴纸、剪刀

游戏效果

- 利用拼图培养孩子的感知能力。

孩子的游戏反应

孩子 3 岁时，我给他买了拼图，但是由于难度太大，他很快就不想再玩了。之后，我自己做了符合他年龄段的拼图，结果他十分喜欢，玩得很投入、很认真。

1 在网上搜索孩子喜欢的卡通人物形象，然后用彩色打印机打印出来。

☆如果没有彩色打印机，换成黑白的也可以。孩子喜欢的是人物，彩色还是黑色并不是那么重要。

2 将打印好的图画分成两块或者更多块。

3 用双面胶将准备好的拼图块贴在泡沫板上，再用切割机按照拼图的形状进行切割。

☆切割机切割泡沫时会产生焦味儿，不要让孩子靠近。

4 把从网上或书店买来的磁性贴纸贴在泡沫板背面。

☆因为磁性贴纸的一面往往都有贴纸，所以使用起来比较方便。

5 将做好的拼图交给孩子，让他们在磁铁黑板上拼图。

6 可以根据孩子的学习能力，调整拼图块数。

游戏应用

如果没有打印机，也可以使用孩子画本或笔记本上的图案。因为画本和笔记本使用后多半都会扔掉，所以我们不妨将印有卡通人物的封皮等保留下来，同样也可以做成拼图。

游戏之后孩子的改变

拼图是提高孩子认知能力的游戏之一。自制的拼图不仅摸起来手感更好，而且使用了孩子喜欢的人物图案。拼图既能锻炼孩子的思维能力，又能培养其注意力，玩与学结合，十分有助于孩子大脑的开发。作为家长，当你看到孩子完成拼图后高兴的样子，相信你也会感到非常欣慰。

No2 刷牙游戏板

很多孩子都会因为讨厌刷牙而和妈妈闹脾气。但是保护乳牙很重要，所以我们要想办法让孩子自己养成刷牙的好习惯。下面就一起来制作刷牙游戏板，让孩子们通过游戏养成正确的刷牙习惯吧。

游戏年龄：2~4岁

准备材料

人脸（牙齿）图案、食物图案、旧牙刷、黑色水性笔、塑封膜

游戏效果

- 通过游戏自然而然地养成刷牙习惯。
- 培养孩子刷牙的独立性。

孩子的游戏反应

很多妈妈都认为，反正乳牙要在换牙的时候脱落，所以无须特别保护。实际上，如果乳牙保护得好，换出来的新牙也会更坚固、更健康。通过游戏来培养孩子的刷牙习惯，可以减少孩子对刷牙的抵触心理。如果孩子还有其他不喜欢的东西，不妨也像这样通过游戏来解决。

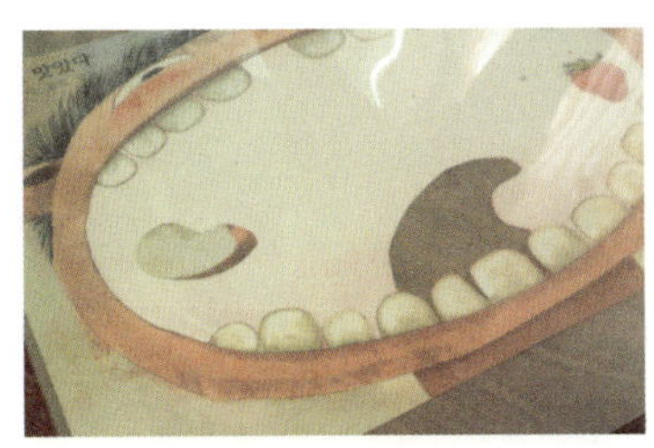

1 上网下载人脸和牙齿的图案并打印。我选择的图案是从孩子的图画教材上裁剪下来的。然后用刀在嘴里挖出一个圆圆的洞。

★如果妈妈有绘画功底，也可以亲自来画。

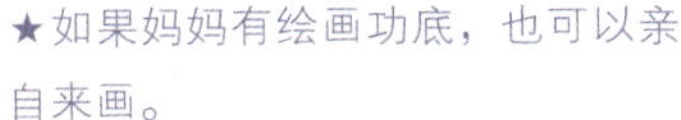

2 用塑封膜将人脸图案塑封起来。

★因为要用水性笔在上面涂写，所以一定要塑封。

3 上网下载水果、蔬菜、巧克力等食物的图案，打印出来后用剪刀剪下来，然后塑封。

4 一边说“我们来吃好吃的吧”，一边和孩子一起将食物放入嘴里的洞中。

5 吃过食物后，用黑色水性笔把牙齿涂黑。然后向孩子说明，吃过东西后，嘴里会长坏虫子。

6 孩子在听到有坏虫子的时候多半都会表现出反感，这时候便可以让孩子用旧牙刷“嗤嗤嗤嗤”地把黑色部分刷掉了。

★游戏结束后，可以将牙刷和图案装入包中，以便下次使用。

Tip

游戏应用

可以通过游戏自然而然地改掉孩子的一些坏习惯。比如，如果孩子喜欢吃冰激凌，妈妈就可以往嘴里放入很多冰激凌的图案，然后自己假装肚子疼。这样一来，孩子便知道，冰激凌吃多了就会肚子疼，有的孩子甚至还会因为冰激凌让妈妈肚子疼而从此讨厌冰激凌。

游戏之后孩子的改变

我的大儿子因为小时候没有注意保护乳牙，长了很多虫牙；小儿子则由于通过游戏培养了良好的刷牙习惯，他的牙齿比哥哥的牙齿好很多。

No3 摇铃骰子

骰子是孩子们最喜欢玩的玩具之一。虽然市面上也可以买到，但我还是想亲自给孩子做一个。用牛奶盒做出来的骰子比在市面上买的要更加结实，而且不易变形。

游戏年龄：2~4岁

准备材料

牛奶盒、毛毡纸、绳子、摇铃、扣子、胶枪、剪刀、透明胶带

游戏效果

· 扔骰子可以锻炼手臂肌肉。

· 通过游戏可以学习数数，同时提高注意力。

孩子的游戏反应

本来对数字不感兴趣，现在却喜欢上了数字游戏。而且因为是妈妈亲自做的，所以孩子更喜欢。

1 将牛奶盒洗净晾干，并根据骰子的大小进行裁剪。

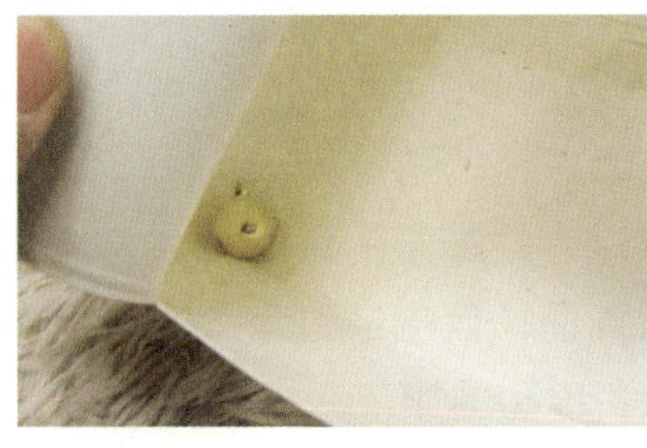

2 用透明胶带将小铃铛固定在牛奶盒内。

3 将毛毡纸剪好，用胶枪贴在牛奶盒表面。

4 用胶枪将绳子粘在骰子的边缘。

5 像骰子那样贴上数字或圆点，这里可以用纽扣代替圆点。

6 用胶枪将数字或纽扣贴在骰子表面。

游戏应用

也可以在牛奶盒侧面贴上卡通人物图案做成拼图。如果厌倦了平面拼图，也可以利用牛奶盒制作立体拼图。

游戏之后孩子的改变

骰子虽然是常见的游戏道具，但却很少有妈妈可以利用得好。其实我们可以用骰子做很多游戏，最简单的就是用两个骰子做乘法和加法游戏。通过玩这样的计算游戏，孩子可以自然而然地学会算术。

No4 世界知识台历

历史和社会是不少孩子认为最难学的两个科目，特别是熟记国家名称及其国旗。学习不能单纯地靠灌输和背诵，而应通过游戏来达到获取知识的目的。我们可以通过游戏，让孩子熟记国家名称和国旗。

游戏年龄：5~7岁

准备材料

台历、各国家的服饰与介绍、魔术贴、毛毡纸、剪刀、双面胶、A4 纸、胶水

游戏效果

- 通过游戏熟记世界各国的名称及其国旗。
- 制作游戏道具的过程，能够培养孩子自主学习的能力。

孩子的游戏反应

灌输式教育很容易使孩子感到厌倦。而使用妈妈制作的游戏道具，孩子不仅能够快速学习，同时还能够加深对知识的理解。

1 将旧台历从中间剪开。

2 从网上下载各个国家的代表图案，突出国家特征的传统服装或者国旗最佳。

3 用干净的 A4 纸盖住台历上的图案和数字。

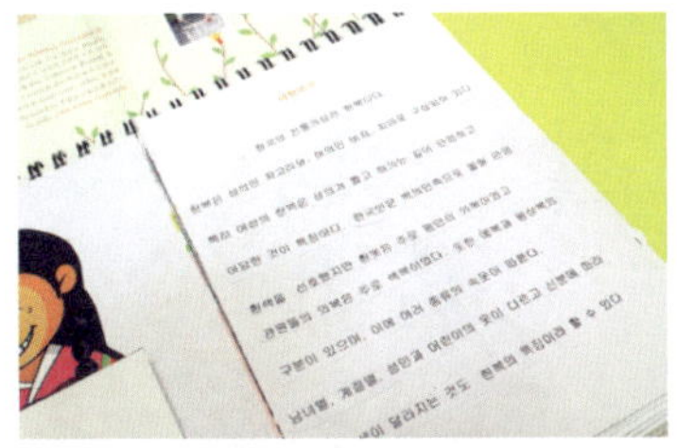

4 左边贴上传统服装等图案，右边贴上介绍性文字。

5 在传统服装正面和国旗背面贴上魔术贴。

★魔术贴主要在给传统服装和国旗配对时使用。

6 在台历的最后面贴上毛毡纸。然后一边翻台历，一边给传统服装和对应的国旗配对。

★游戏结束后将国旗贴在台历后面保管。

游戏应用

用台历可以制作很多种游戏道具。例如在学习整数余数的时候，可以打印圆点贴在台历上让孩子来数。最好用毛绒代替毛毡，因为其黏性更强。

 **游戏之后孩子的改变**

像历史和社会这样的科目，因为有很多要背诵的东西，所以孩子往往会觉得很难。而通过游戏的方式，利用台历制作的游戏道具来进行学习，可以极大地减少孩子的学习负担。

No5 扣纽扣游戏

孩子往往认为自己可以做所有事，所以他们会尝试着自己穿衣服。但是对于孩子来说，扣纽扣是一件很难的事情。我们可以通过游戏让他们学会扣纽扣的方法，同时提高孩子的动手能力。

游戏年龄：5~7岁

准备材料

带有纽扣或者拉链的旧衣服、泡沫板、胶枪、彩色胶带、剪刀

游戏效果

- 扣纽扣可以促进孩子的手部肌肉发育。
- 提高孩子的注意力，增强孩子自己穿衣服的自信心。

孩子的游戏反应

即使是很小的事情，孩子做起来都有可能很难。而通过游戏的方式，不仅能教会孩子，同时还可以促进孩子手部肌肉的发育，可谓一举两得。

1 将旧衣服的底部剪掉备用。

2 准备两张泡沫板，裁剪成相同的大小，其中一张做成相框的样子。

3 将剪好的衣服铺在一张泡沫板上。

4 再将相框式的泡沫板放在衣服上方，然后用胶枪将两张泡沫板粘在一起。

5 用同样的方法，再做一个牛仔裤相框；在泡沫板的边角处贴上彩色胶带。

6 然后就可以通过这些游戏道具，学习扣纽扣和拉拉链的方法了。

游戏之后孩子的改变

很多孩子都觉得扣纽扣很难，甚至因为扣不上扣子而大哭不止。通过这个游戏，孩子可以很快地学会扣纽扣，还可以利用旧裤子学习拉拉链的方法。

No6 牛奶盒拼图游戏

拼图是孩子必不可少的玩具之一。有一天我带着孩子去了恐龙博物馆，发现那里有一个大型的恐龙拼图。虽然孩子很想玩，但最后却因为人多没有玩成。所以回来后我便给孩子做了一个。

游戏年龄：5~7岁

准备材料

牛奶盒8个、图案、箱子、透明胶带、剪刀

游戏效果

- 拼图可以提高孩子的手眼协调能力。
- 有助于孩子视觉和知觉的培养。

孩子的游戏反应

市面上虽然有很多拼图玩具，但要想找到适合孩子年纪的拼图却很难，所以不妨自己做一个。孩子在游戏过程中玩得非常投入，手脚协调能力也有了明显提高。

1 将牛奶盒洗净晾干，按照需要裁剪成 8 个相同大小的盒子。

2 准备一个放牛奶盒的箱子。将牛奶盒放在箱子内，看看是否有剩余空间。如果有，就配合着牛奶盒的大小将其进行适当裁减，以使牛奶盒全部放进去之后，四周基本无空隙。

3 因为要移动拼图，所以要留出一格的空间。

4 打印出孩子喜欢的图案，将其按照牛奶盒的大小剪开。

5 用透明胶带将剪好的图案贴在牛奶盒上。

6 将贴好图案的牛奶盒放入箱子内，然后和孩子一起做游戏。

游戏之后孩子的改变

5~7 岁的孩子很难长时间地将注意力放在同一件事情上，但如果是他们喜欢的事情，则可以坚持很久。在拼图的过程中，孩子们精神集中，这对做其他游戏也很有帮助。此外，立体的拼图比平面拼图更有意思。

No7 湿纸巾盒游戏

孩子出生后，最先开始发育的就是触觉。虽然手、脚、皮肤都有触觉，但我们一般还是主要通过用手触摸东西来培养触觉。为了培养孩子的触觉，我特地用湿纸巾盒做了一个玩具。比起书本学习，这种学习更具有直观性，也更利于孩子的发育。

游戏年龄：2~4岁

准备材料

湿纸巾盒、透明塑料布、棉花、杂粮、镜子、气泡薄膜、触摸图案、胶枪、剪刀、双面胶、泡沫板

游戏效果

- 用手触碰东西，以培养触觉。
- 学习拟声词、拟态词。

孩子的游戏反应

虽然市面上有很多用于培养孩子触觉的书籍，但都不如使用日常生活材料制作而成的游戏道具更能吸引孩子的注意力。特别是贴上孩子喜欢的卡通形象后，孩子对其更是爱不释手。

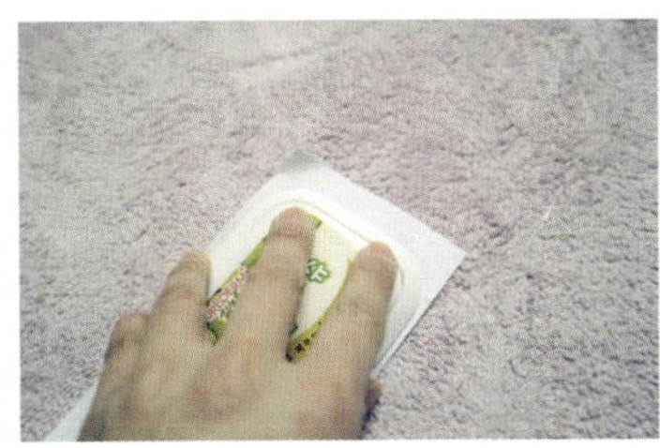

1 将用过的湿纸巾盒（或者类似物品）裁剪好。

2 打印好要贴在湿纸巾盒外面和里面的图案。

★例如：棉被——柔软，菠萝包表面——麻麻的，杂粮——粗糙，等等。一定要准备镜子，因为孩子很喜欢看到自己在镜子中的样子。

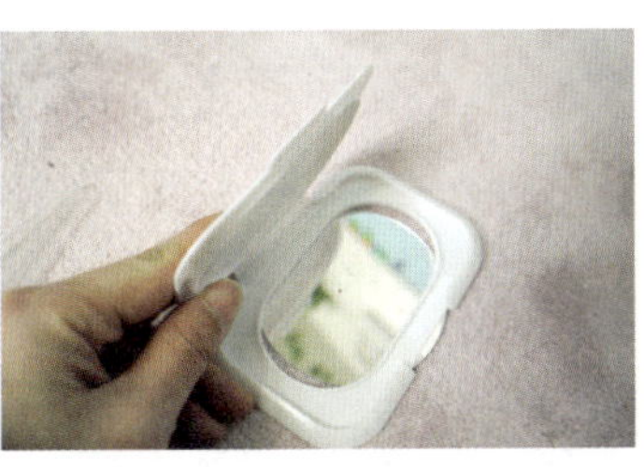

3 准备好从文具店买来的小镜子，将镜子贴在湿纸巾盒的下面。

★为了孩子的安全，一定不能使用有裂痕的镜子。

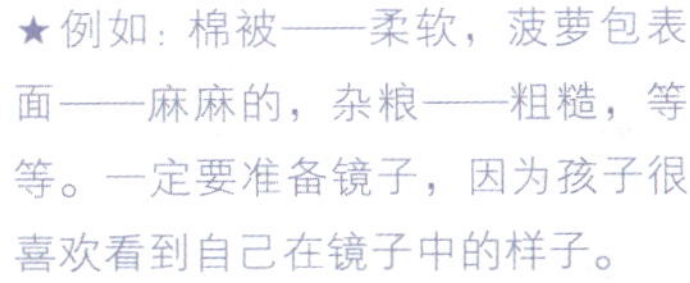

4 在另一个湿纸巾盒的下面贴上白纸，然后用胶枪将杂粮贴在上面。

5 由于杂粮很容易掉落，所以要用透明塑料布将其包起来。

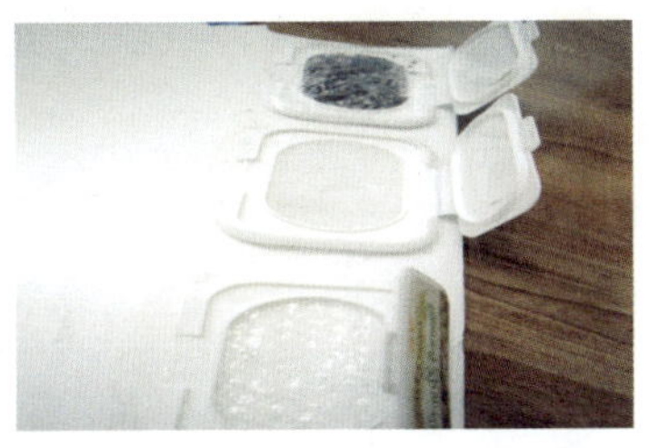

6 用相同的方法，分别将棉花和气泡薄膜贴在湿纸巾盒上。最后将做好的湿纸巾盒集中贴在泡沫板上，然后用切割机按照盒子的大小进行切割。

7 在有杂粮的盒子中贴上杂粮的照片，在有棉花的盒子中贴上棉被的图案，在有气泡薄膜的盒子中贴上菠萝包的图案。

Tip

游戏应用

生活中的触觉游戏还有很多。例如在做饭的时候让孩子摸一下米粒，还可以一边盛米，一边数“一杯、两杯……”，以此增强孩子的数字概念。

游戏之后孩子的改变

我的小儿子好奇心很强，总是喜欢摸这摸那，所以我常常担心他会受伤。通过触觉游戏，可以以一种安全的方式让他的好奇心得到较大的满足。此外，在游戏过程中，他的语言表达能力得到了非常好的锻炼，甚至比他的哥哥都要强许多。

No8 胶带交通游戏

男孩子都喜欢汽车。在玩汽车玩具的时候，我们可以加入交通规则和信号灯规则的学习，但这需要车道的辅助。而店里面卖的汽车轨道一般都很贵，所以最好自己做。来一起看看我家孩子自己做的车道吧！

游戏年龄：2~4岁

准备材料

透明塑料布、彩色胶带、剪刀

游戏效果

- 学习交通规则。
- 在测量道路宽度的过程中，培养孩子的距离感。

孩子的游戏反应

我的两个孩子都很喜欢汽车，所以我给他们创造了一个玩汽车玩具的空间。而且因为涉及交通规则和交通礼仪，在玩的同时还起到了学习的效果。

1 将透明塑料布铺在客厅地板上。

2 将黑色胶带剪开，用来标识车道。

3 如果孩子不太会用剪刀，也可以由妈妈来帮助完成。但是贴车道一定要由孩子来做。

4 还可以在透明塑料布中间用其他颜色的胶带做出球门的形状，孩子可以拿约瓶盖当足球玩足球游戏。

5 也可以将胶带剪成小块，拼成曲线或者其他图案。

6 这样，属于孩子的“汽车公园”就完成了。

7 现在就开始玩吧！按照交通规则，车子可以在车道上奔驰，但遇到人行横道就要马上停下。

★和汽车车道一样，也可以制作火车道。

游戏应用

孩子也可以来扮演车子吗？只要有个大篮子就可以。一个人坐在里面，一个人在外面推，这样一来，游戏就可以获得更多活力。

游戏之后孩子的改变

我告诉孩子过人行横道的时候，一定要红灯停、绿灯行。有一天，孩子看到有人闯红灯，便马上转过头来对我说：“妈妈，不能这样，对吧？”很显然，对孩子来说，通过游戏学习交通规则更有效果。

No9 足球游戏

在所有需要运用身体的游戏当中，最受孩子欢迎的大概要数踢球了。特别是对于男孩子，踢球不仅能够增强体质，同时还能够促进其他方面的发育。为了让孩子在室内也能踢足球，我便用保鲜膜纸筒做了一个足球门。

游戏年龄：5~7岁

准备材料

保鲜膜纸筒、锡纸、水果包装网、胶枪

游戏效果

- 踢球能增强孩子体质。
- 妈妈制作出来的玩具能够增加孩子的想象力。

孩子的游戏反应

由于下雨的时候不能在室外踢球，所以我便琢磨有没有什么方法可以让孩子在室内也能踢球。最后我用保鲜膜纸筒做了一个球门，这样一来孩子就可以在室内大汗淋漓地踢足球了。

1 准备几根不同长短的保鲜膜纸筒，并用锡纸将其包裹起来。

2 如果长短不合适，也可以裁去一段。

3 用胶枪将长短不一的保鲜膜纸筒粘成球门的形状。

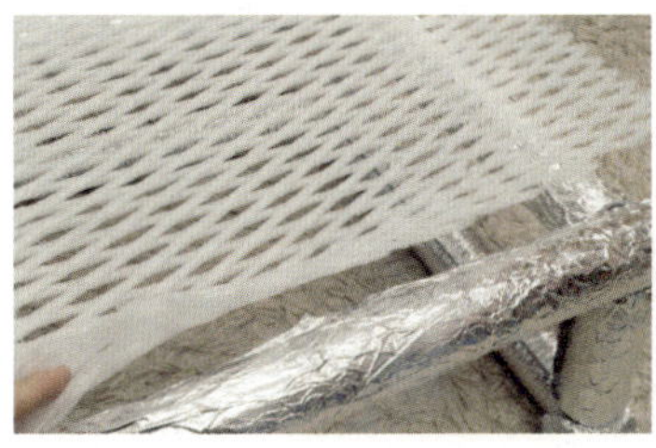

4 取下水果箱中的包装网，将其铺在保鲜膜纸筒上充当球网。

5 因为水果包装网有伸缩性，所以可以很平整地覆盖在球门上。

6 将做好的球门固定在客厅的一角，这样孩子就可以踢足球了。

游戏之后孩子的改变

足球游戏虽然很简单，只要有球和球门即可，但是公园或者学校的球门往往太大，对于孩子来说并不适合。而像这样做一个球门，孩子就可以在家里随时踢足球了。

No10 用胶带圈制作相框

拍完照片后，我们一般都会挑几张比较满意的放在相框里。但是相框的价格往往要比洗照片贵很多。而买来的相框大小不一，装饰起来也不是很方便。出于以上考虑，我尝试着让孩子一起用胶带圈做了几个相框。

游戏年龄：5~7岁

准备材料

胶带圈、彩纸、蝴蝶结、珠链、胶枪、孩子的照片、剪刀

游戏效果

- 既可以作为游戏，又可以装饰家具。
- 制作装有自己照片的相框，能够让孩子对自己的外貌更有自信。

孩子的游戏反应

在现在这个数码时代，人们很少像以前一样将照片放在相册里，所以孩子往往会对自己小时候的样子感到陌生。而制作相框需要与孩子一起选照片，这样他们就看到了自己以前的样子。此外，这样将照片装入相框中还能增加孩子的自信心。

1 将彩纸按照胶带圈的宽度剪好。

2 按照胶带圈的大小裁减孩子的照片。

3 将裁减好的照片贴在胶带圈的侧面。

4 将之前剪好的彩纸贴在胶带圈的外面。

5 把珠链固定在胶带圈的外围，可在上面加上蝴蝶结作为装饰。

6 最后可以将做好的相框挂在钉子上，装饰孩子的卧室。

★如果觉得钉钉子有些难的话，也可以将相框斜着摆在桌子上。

游戏之后孩子的改变

让孩子看到自己的样子很重要，而且旧照片会给我们的聊天带来很多话题。孩子看到自己曾经的样子，也会记起很多以前的事情，同时还可以设计下次拍照时的姿势。

No11 用咖啡杯盖制作相框

制作相框的方法有很多。这次我要做的，是可以挂在圣诞树上和家门入口处的相框。这种相框不仅制作简单，而且装饰效果很好。

游戏年龄：5~7岁

准备材料

一次性咖啡杯盖（透明半球）、蝴蝶结、珠链、彩纸、孩子的照片、剪刀、胶水、胶枪、多样打孔机

游戏效果

· 能够培养孩子的团队合作精神。

· 制作的相框能够起到装饰效果。

孩子的游戏反应

自己动手装饰家居，能够让孩子更爱自己的家。招待其他小朋友来家里玩的时候，也可以小小炫耀一下。而且，其他小朋友也一定会非常羡慕。

1 用多样打孔机在彩纸上打孔，制作出不同的图形。

2 将图形贴在咖啡杯盖上。

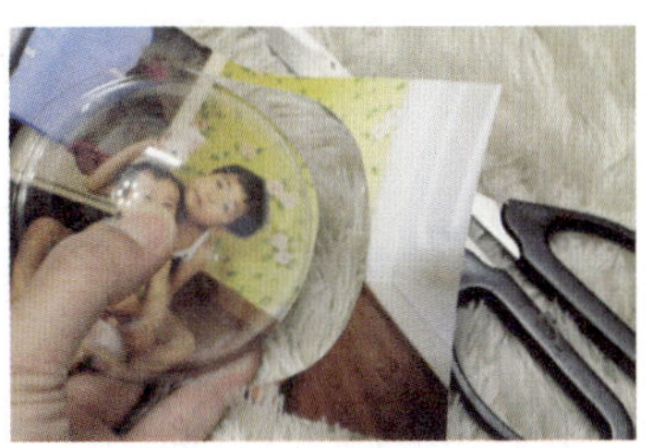

3 按照杯盖的大小剪裁照片。

4 将照片贴在杯盖口，然后将另一个杯盖正对着贴在这个杯盖上。

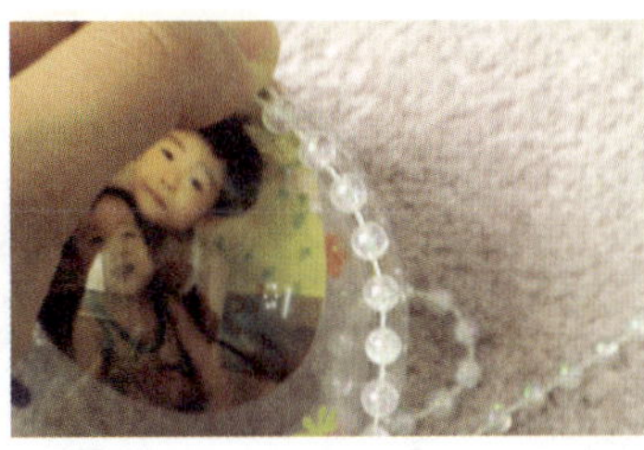

5 用胶枪将珠链贴在杯盖边缘。

6 将蝴蝶结装饰在照片正上方。

7 把制作好的相框挂在装饰树或者圣诞树上，也可以放在房门前或者家门入口处。

游戏之后孩子的改变

装饰家居的时候要和孩子多商量，尽量按照孩子的喜好来装饰。这样孩子就可以在自己喜欢的空间里吃饭、睡觉、学习。当然，随着孩子的长大以及季节的变化，装饰也最好能做相应的改变。

No12 用牛奶瓶制作手摇钟

部分牛奶瓶和酸奶瓶形状很像钟。所以有一天从电视中看到手摇钟后，我也想动手用牛奶瓶做一个。和孩子一起做一个吧！你难道不想知道孩子制作的手摇钟会发出什么样的声音吗?

游戏年龄：5~7岁

准备材料

牛奶瓶、酸奶瓶、蝴蝶结、铃铛、胶枪、彩色胶带、装饰品、线

游戏效果

- 可以促进孩子听觉的发育。
- 可以促进孩子肌肉的发育。

孩子的游戏反应

孩子们往往都很喜欢音乐。音乐有助于培养孩子的情感。孩子可以一边演奏自己制作的乐器，一边唱歌。

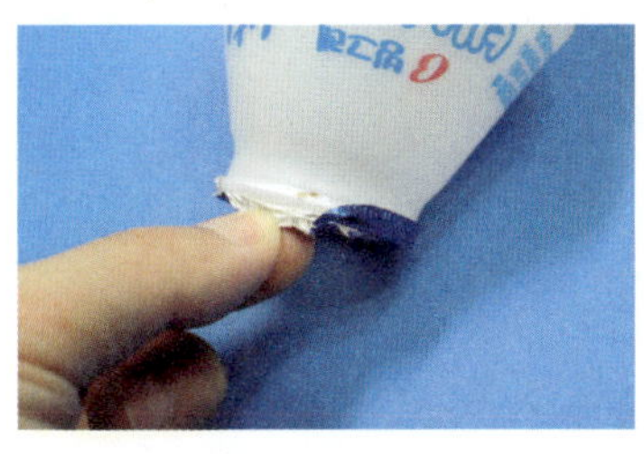

1 将牛奶瓶和酸奶瓶洗净，将瓶口处的银箔纸弄干净。

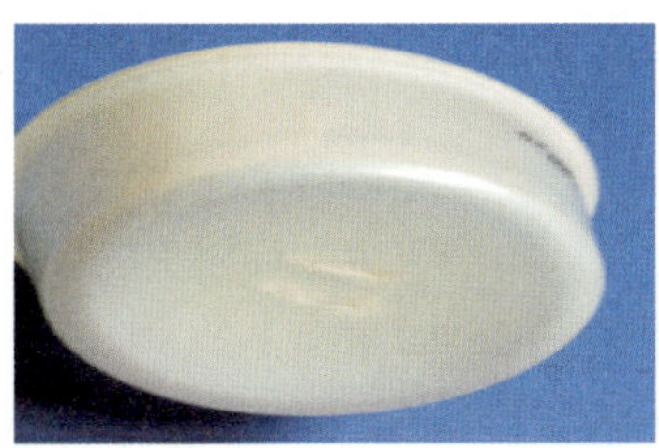

2 用刀在瓶底钻两个洞。

3 将线的一端穿过瓶底的洞固定好，另一端拴上铃铛。

4 用彩色胶带把牛奶瓶和酸奶瓶包好。

5 用胶枪将两个瓶子粘在一起，再用蝴蝶结和其他装饰品装饰瓶身。

6 拿着做好的手摇钟，一边打节拍，一边唱歌。

游戏之后孩子的改变

听觉的发育非常重要。要想知道孩子的听觉发育是否良好，我们只要给孩子听不同的声音并观察他们的反应即可。可以用孩子自己制作的乐器来测验。

No13 用空箱子制作书架

孩子都需要有一个书架。如果家里空间够大，我们可以直接买个书架，但如果家里空间不足，就要另辟蹊径了。市面上的书架一般都不便宜，而且搬家的时候也不容易带走。所以我利用空箱子和牛奶盒给孩子做了一个小书架。孩子们在这里拿书、放书，养成了很好的读书习惯。

游戏年龄：2~4岁

准备材料

箱子、牛奶盒、胶带、壁纸、剪刀、报纸

游戏效果

- 孩子用自己制作的书架放书，更容易养成读书的习惯。
- 孩子可以养成勤思考、勤动手的习惯，看到有剩余空间就会想拿东西来填满它。

孩子的游戏反应

我们都知道多读书有好处，但往往不知道如何让孩子养成读书的习惯。其实习惯需要自然而然地养成，所以我们最好通过游戏的形式，让孩子自己制作书架并将喜欢的书放在里面，进而养成读书的习惯。

1 选择比较厚的纸箱子，按照设计在纸箱子上面做出标记，并用刀裁剪好。

2 将裁剪好的箱子立起来，确认形状之后再进行内部改造。

3 在准备好的牛奶盒中塞满报纸，然后在书架最靠里的地方间隔着竖放三排牛奶盒，每排大概有2~3个牛奶盒那么高。

4 用剩余的厚纸板做书架的隔板，覆盖在牛奶盒的上方和侧面。

5 再将两排牛奶盒沿着这层隔板横放好，然后按照同样的方法，用厚纸板在上面再做一层隔板。

6 最后用牛奶盒和厚纸板调整书架的间隔和高度。

7 用壁纸装饰好书架后，就可以将孩子喜欢的书放在里面了。将书架摆放在孩子方便拿取的地方。

游戏应用

可以在书架旁再放一个读书桌。只要放上两把小椅子就可以营造出图书馆的氛围，有助于孩子养成良好的读书习惯。

游戏之后孩子的改变

在书的摆放方式上，封面朝外比书脊朝外更容易引起孩子读书的兴趣。所以经常看的书或者必读的书都应该正面朝外放着，这样可以帮助孩子养成良好的读书习惯。

No14 用空盒子制作游戏房

快递送来的包装箱有时会很大，如果丢掉的话，会比较可惜，因此我尝试着用它给孩子做些什么。孩子们似乎出于本能，像胎儿一样，一般都喜欢待在像衣柜这样细小狭窄的地方。所以我与孩子们一起制作了一个游戏房。

游戏年龄：2~4岁

准备材料

大箱子、壁纸、胶带、剪刀

游戏效果

- 孩子们拥有了自己的空间，其自尊心得到了很大的满足。
- 游戏房做好后，孩子们可以玩“小猪三兄弟”这样的童话游戏。

孩子的游戏反应

其实孩子很需要个人空间，但一整间房对于孩子来说又太大，所以像这种刚好可以让孩子待在里面的空间大小最为合适。自从做了这个游戏房以后，孩子们经常在里面吃饭、做游戏，玩得十分开心。

1 选择能够容纳孩子整个身子的箱子。

2 将两个箱子合二为一。如果不够的话，也可以再多加几个箱子。

3 把箱子的上下部分裁去。

4 把其他箱子打开放在上面作为房顶。房顶的高度可以根据孩子的个头进行调整。

5 将房顶与墙面间的空隙用剩余的厚纸板封住，将不结实的部分一一固定好。

6 房子做好后，再按照孩子的喜好做个门。我的孩子喜欢这种半椭圆形的门。

7 最后再用孩子喜欢的壁纸装饰一下房子就可以了。

游戏应用

虽然利用这个游戏房可以做很多种游戏，但其中最简单的莫过于"小猪三兄弟"了。读了"小猪三兄弟"的故事后，可以让孩子模仿故事中的情景，像风一样"呼呼呼"地吹纸，"呼呼呼"地吹房子，这样孩子会对故事内容更有体会。

游戏之后孩子的改变

孩子拥有了自己的空间后，可以在里面展开很多活动，例如吃饭、睡觉、读书等。虽然市面上也可以买到这种游戏房，但往往价格偏高，而且利用率极低。现在，孩子在外面看到大的纸箱子都会要求我拿回家做房子。

No15 用饮料箱制作外卖箱

我家孩子就对炸酱面外送员所提的铁箱子十分感兴趣，大概是因为铁箱子里能变出好吃的食物吧。所以我便用饮料箱给他们做了一个外卖箱，然后利用这个箱子来做游戏。例如在谈话过程中问一问孩子，他们想要在外卖箱中放些什么美食。

游戏年龄：2~4岁

准备材料

饮料箱、文件夹、透明胶带、银色胶带、剪刀、胶枪

游戏效果

- 孩子可以用这个箱子做角色扮演游戏。
- 可以通过加入多种材料开发孩子的想象力。

孩子的游戏反应

在制作自己接触过的东西时，孩子们往往会感到很新奇、很有意思。特别是食物，因为孩子们都吃过，所以他们会觉得更有意思，玩得也更高兴。

1 准备一个有塑料提手的饮料箱。用胶带将开口处封死。

2 用刀将箱子的一侧裁掉。
★因为这一步具有危险性，所以要由妈妈来做。

3 用透明胶带将凸出来的、有提手的一面贴好。

4 取下文件夹的书夹部分，高度略高于刚才裁下来的箱子面即可。

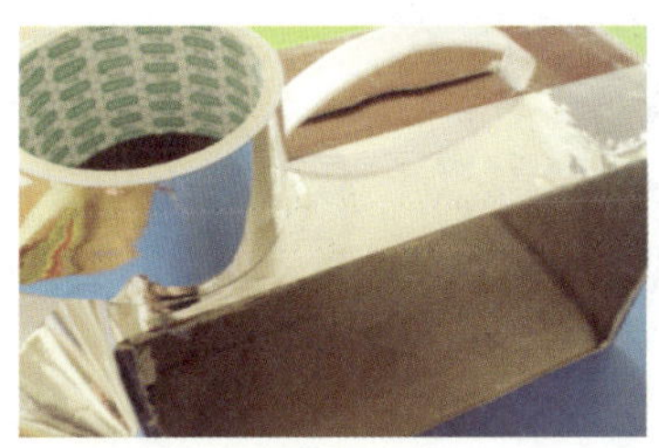

5 将银色胶带贴在箱子表面做成铁皮的样子。

6 将书夹用胶枪固定在箱子正面的两侧。

7 最后将箱子正面插入两侧书夹即可。也可以在箱子上面贴上孩子喜欢的卡通贴纸。

游戏应用

如果家里有很久以前的那种磁带，可以将其中的带子抽出来，然后揉一揉放在碗中，这样，一碗炸酱面就“出炉”了。最后将其放入外卖箱中，便可以做角色扮演游戏了。

游戏之后孩子的改变

即使是同样的玩具，孩子们也会开发出很多连大人都想不到的玩法。就像磁带既可以做面条，也可以做假发一样。像这样在做游戏的过程中启发孩子联想，便可以大大提升他们的想象能力和创意能力。

No16 用牛奶盒制作金斧头、银斧头

和孩子一起制作童话中出现的道具，会使童话故事变得更加有趣。比如金斧头和银斧头的故事。我们可以用牛奶盒尝试着制作金斧头和银斧头。

游戏年龄：5~7岁

准备材料

牛奶盒、保鲜膜纸筒、金色及银色包装纸、胶枪、刀、透明胶带

游戏效果

- 可以增加孩子对童话故事的兴趣。
- 同时可以增强孩子对颜色的分辨能力。

孩子的游戏反应

亲手制作金斧头和银斧头之后，孩子们觉得自己仿佛就是童话故事中的主人公。因此比起其他的童话故事，他们对这个故事更有感情，而且还会自己扮演樵夫。

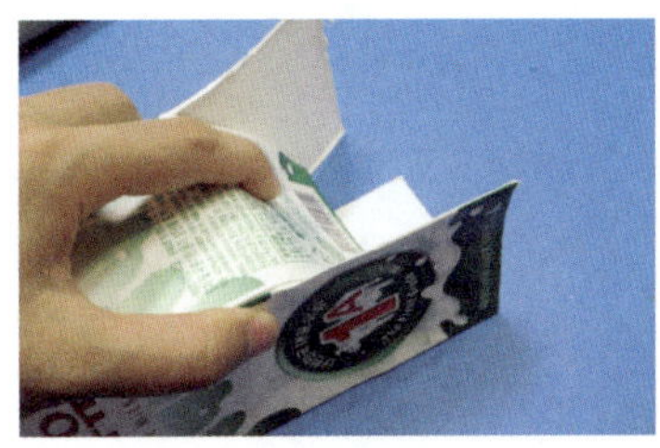

1 将长方形的牛奶盒用刀裁开，裁成斧头刃的形状。

2 在斧头后面贴上透明胶带。

3 在牛奶盒中间开一个和保鲜膜纸筒大小一样的圆孔，然后将纸筒插进去作为把手。

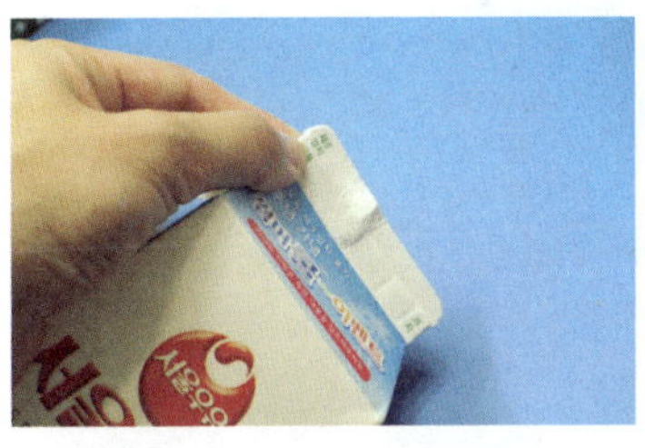

4 用透明胶带将牛奶盒的开口处封好。

5 用银色和金色的包装纸将斧头包好。

6 为了玩的时候更加方便，最好再用胶枪将把手和斧头连接的部分粘好。

7 如果家中有观赏用的树木，可以直接让孩子做樵夫游戏。

游戏应用

虽然有很多办法能让孩子喜欢上读书，但与游戏结合的形式还是最为有效的。我们既可以利用制作的道具呈现童话中的某个场景，也可以演绎出其他故事。

游戏之后孩子的改变

孩子们很难分辨出金色和银色，所以他们有时会把铁斧头当作金斧头，有时又会把铁斧头当作银斧头。但通过制作金斧头、银斧头，他们一下子就能认清这两种颜色。路过金银饰品店的时候也能准确地分辨出饰品的颜色。

No17 算术游戏小店

孩子学习算术的方法有很多种，不一定要死记硬背。灌输式的教育方式往往反倒会让孩子对算术心生反感。算术游戏有很多种，而像这种把空箱子做成商店的样子，然后自然而然地学习的方式最为有效。这样孩子既能学习算术，又能培养金钱观念。

游戏年龄：5~7岁

准备材料

空箱子、透明胶带、壁纸、剪刀、报纸、商店招牌

游戏效果

- 通过角色扮演游戏学习算术。
- 在买卖东西的过程中培养金钱观念。

孩子的游戏反应

孩子的想象力远远超乎我们的预期，他们看到一样东西后往往会产生很多种不同的联想。孩子们在买东西和卖东西的过程中既学会了算术，又培养了经济观念。

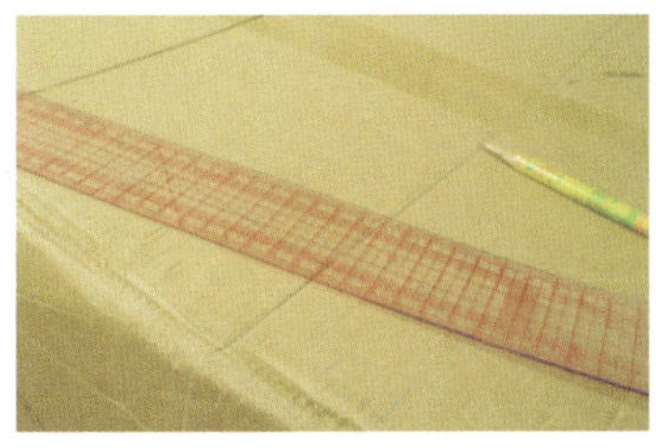

1 准备一个可以容纳下孩子整个身体的空箱子，或者将两个小箱子用透明胶带拼接在一起。之后再用尺子和铅笔画出窗户的位置。

2 用刀沿着铅笔的痕迹小心地裁剪。★如果孩子不会用刀，可以由妈妈代劳。

3 在窗户下方开一个 10~20 厘米的口，然后再找来另一块厚纸板放在上面做柜台。

4 用透明胶带将其固定好，这样，商店的柜台就完成了。

5 用漂亮的壁纸将商店装饰一下。

6 将剩余的纸板做成商店的遮阳板。剪切出花纹后，同样用壁纸贴好。

7 做两个三角形的支架，并贴好壁纸，然后粘在商店的窗户上方。

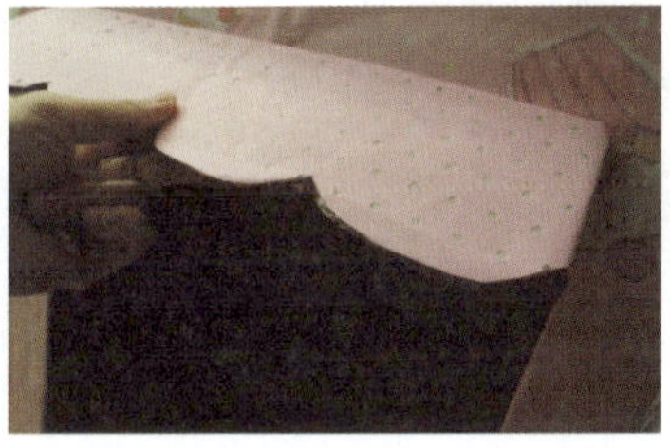

8 将遮阳板固定在两个三角形支架上方。

9 最后在商店上方开个洞，将报纸卷插进去做杆子。最后将写有店名的牌子挂在上面，就大功告成了。

游戏之后孩子的改变

孩子们利用制作好的商店模型做了商家和消费者的角色扮演游戏，并在这个过程中自然地学会了算术。而且在制作商品时，充分发挥了自己的创意能力。在他们的小店里，无所不有。

No18 用纸筒制作“麦克风”

跳舞和唱歌最有益于孩子的情感发育。我家孩子非常喜欢电视中的唱歌节目，所以为了让他们能够高歌一曲，我专门准备了“麦克风”。孩子们可以用“麦克风”尽情地唱歌、表演，妈妈们一定能借此看到孩子们的另一面。这个特别的“麦克风”的制作非常简单，只要有卫生纸纸筒即可。

游戏年龄：2~4岁

准备材料

泡沫球、白线、锡纸、卫生纸纸筒、彩纸、胶水、剪刀、胶枪、绒线铁丝

游戏效果

- 唱歌和跳舞可以增强孩子的律动感与节奏感。
- 通过模仿，孩子可以学到新东西。

孩子的游戏反应

音乐有利于孩子听力的发育。在音乐游戏中，“麦克风”是不可或缺的。虽然“麦克风”不能像其他乐器那样自己发出声音，但我们可以利用“麦克风”做很多种游戏。

1 用锡纸将圆圆的泡沫球包好。

2 用彩纸将卫生纸纸筒包好，剩余部分塞到纸筒里面即可。

3 用胶枪将白线贴在包有锡纸的泡沫球上。

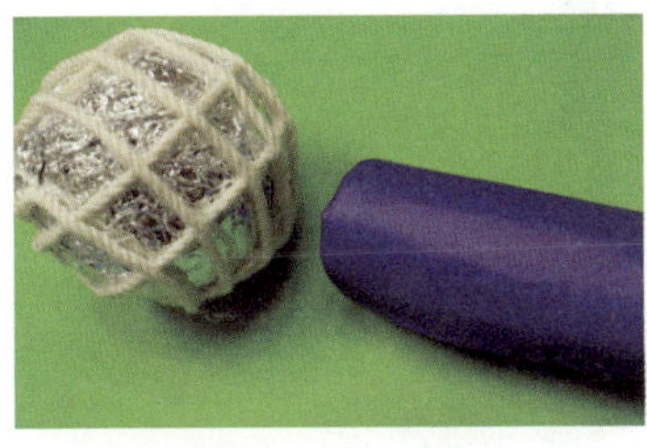

4 白线横竖贴好后，把卫生纸纸筒贴在泡沫球上，作为“麦克风”的把手。

5 将绒线铁丝在手指上绕几圈。

6 最后将弯曲的绒线铁丝粘在把手上即可。完成后就可以用“麦克风”做游戏了。

游戏之后孩子的改变

每当看到孩子随着电视、广播中的音乐又唱又跳的样子，我就不得不感叹音乐的魔力。为孩子制作“麦克风”之后，他们就能够像真正的歌手一样有模有样地唱歌、跳舞了。

No19 内衣万能日历

孩子内衣上的图案都很丰富，而且孩子的内衣一般是因为穿坏了才扔掉，而不是像大人那样因为不再流行了。有些坏了的孩子的内衣，我会用针线缝补一下，而有些实在破得太厉害的，我就无能为力了。但为了不浪费，我还是会争取再利用，用这些破掉的内衣做日历，以便培养孩子的时间观念。

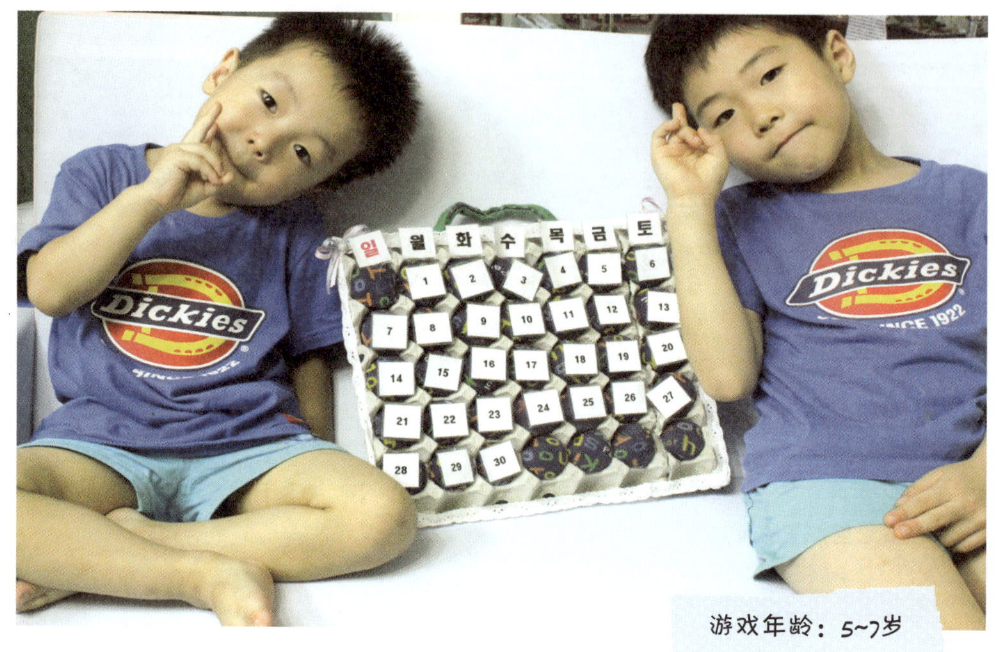

游戏年龄：5~7岁

准备材料

鸡蛋托盘、塑料薄膜、魔术贴、破洞的内衣、剪刀、胶枪、蝴蝶结（蕾丝）、棉花

游戏效果

- 通过日历，孩子可以学习有关四季和月份的知识。
- 让孩子明白坏了的东西依然可以变废为宝。

孩子的游戏反应

1 月、2 月、3 月……像这样给孩子讲月份和季节的知识，他们很难理解。但如果让他们亲手制作，直接给 1~12 月贴标签，他们便很容易记住。

1 打印出写有月份、星期、日期的卡片，并用镀膜机镀膜。

2 准备两个鸡蛋托盘，剪下一部分，使其与日历的行数相同。

3 把孩子的破内衣剪成四边形，再将两个四边形缝在一起，并在中间塞入棉花。

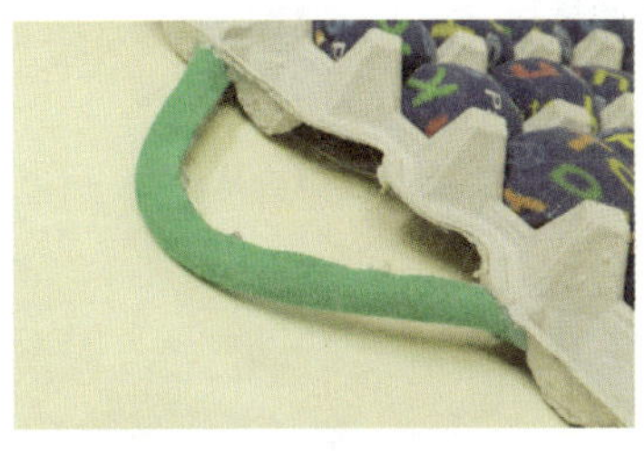

4 当制作出足够数量的“棉花饼”之后，用胶枪将其粘在鸡蛋托盘上。内衣的袖子部分可以做成提手。

5 在已镀膜的卡片和缝制好的棉花包上贴上魔术贴。

6 接下来只要把月份、星期、日期贴到对应的位置就可以了。

 **游戏之后孩子的改变**

通过说明的方式，孩子很难理解月份、星期、日期的概念。但通过游戏的方式，孩子们可以轻而易举地明白，为什么有的月份是 30 天，而有的月份是 31 天。以此为基础，再加入“我的生日还剩多少天”这样的互动游戏，孩子们学起来就会更快。

No20 用空箱子制作冰箱

很多明星都会给冰箱做代言，而在我的眼中，我的儿子们丝毫不逊于这些明星。所以我决定用空箱子给他们做个冰箱，这样不是既可以模仿电视中的冰箱广告，又可以做拿取食物的游戏了吗?

游戏年龄：2~4岁

准备材料

空箱子、壁纸、银色包装纸、剪刀、鸡蛋托盘、牛奶盒、透明胶带、把手

游戏效果

- 可以充分发挥孩子的创意力。
- 变废为宝能够增强孩子的自信心。

孩子的游戏反应

在孩子们看来，冰箱就是一个能变出食物的魔法盒。所以给他们做了专用的冰箱后，他们特别喜欢，甚至还会把爸爸妈妈给的零食也放在里面。

1 将两个空箱子一上一下粘好，作为冰箱的冷藏室和冷冻室。因为冷冻室比较小，所以只要一半箱子即可。

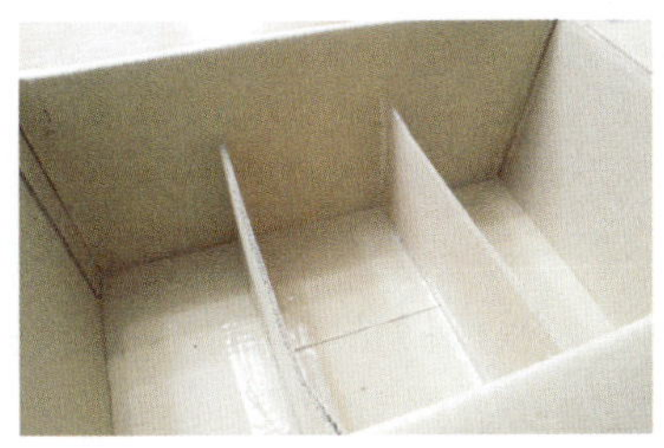

2 将剩下的纸板做成冰箱的隔板。

3 将箱子向两边打开的纸板合二为一，做成冰箱门。再将牛奶盒做成收纳盒，贴在冰箱门上。

4 在最上方的收纳盒里放入报纸，然后将鸡蛋托盘放在里面。

5 在冰箱里面贴满银色包装纸。

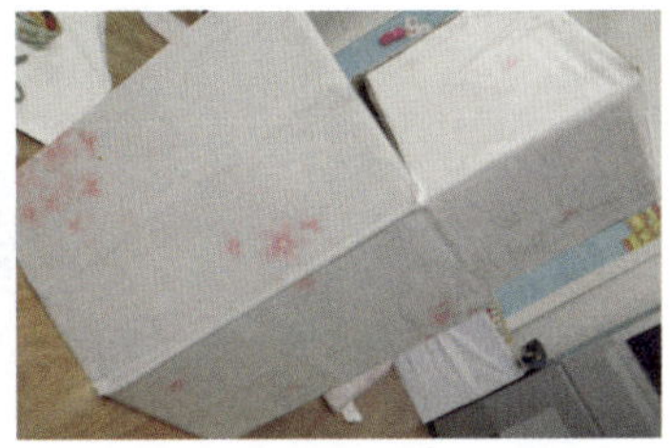

6 然后再用漂亮的壁纸把冰箱外面贴好。

7 最后将买来的把手贴在冰箱门上，就大功告成了。孩子们可以把自己的零食放在里面。

游戏之后孩子的改变

市面上也有这样的冰箱玩具，但冰箱的价格暂且不说，光是里面的食物模型就已经很贵了。而且模型比较小，玩的时候很容易丢失。而像这样动手自己制作冰箱，孩子们不仅可以把自己喜欢的零食放在里面，还可以借机学会分辨什么是可食用的东西，什么是不可食用的东西。

No21 用网兜制作球拍

虽然打羽毛球也是一种可以进行的亲子游戏，但对于孩子来说，羽毛球拍还是太重了。所以为了让孩子们也能做这项运动，我为他们准备了比较轻的羽毛球拍。制作的材料采用了安全性极高的泡沫管、网兜和气球。一起来打羽毛球吧！

游戏年龄：5~7岁

准备材料

网兜、气球、泡沫管、锡纸、透明胶带、剪刀

游戏效果

- 孩子制作球拍时，可以锻炼自己的手部肌肉。
- 提高孩子的运动能力。

孩子的游戏反应

追着气球到处跑是一项很消耗体力的运动，而加入球拍可以使这项运动变得更加有趣。孩子们在打球时还可以培养竞争意识。

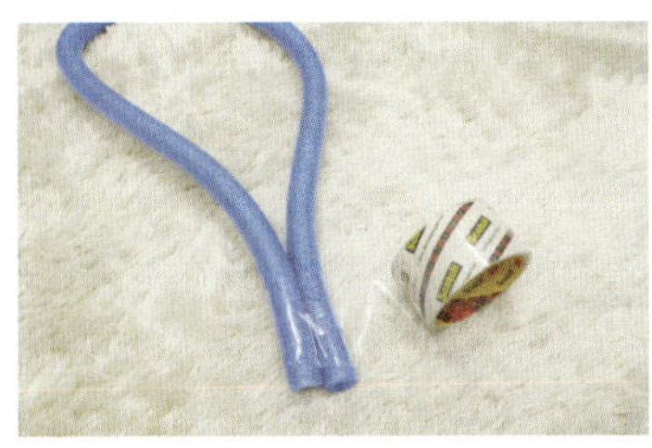

1 将泡沫管弯成羽毛球拍的形状，把手处用透明胶带缠好。

2 将网兜剪开，一条一条地绑在拍子上。

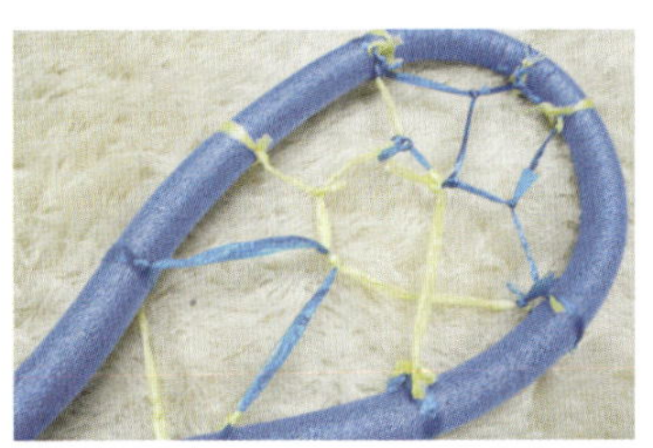

3 球网要做成蜂窝状，使其能够互相支撑。

4 用锡纸将球拍把手包好。到此球拍就制作完成了。

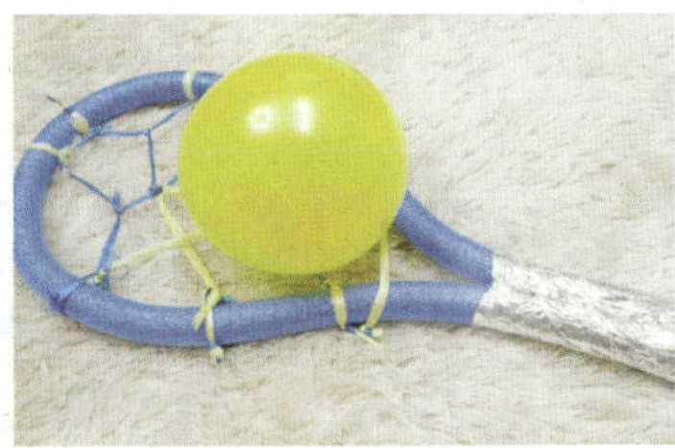

5 气球不要过大，也不要过小，略小于球拍即可。

6 用制作好的球拍击打气球。如果做了两个球拍，也可以对打。

游戏之后孩子的改变

孩子们看到大人打羽毛球，自己也会产生打的意愿，但真正尝试过又会觉得很难。因为球拍对于大人来说很轻，但对于孩子们来说却很重。而用泡沫管制成的球拍质量很轻，非常适合孩子使用。

No22 用粗绳制作篮球架

篮球是孩子喜欢的游戏之一。和足球门一样，如果想在商店中购买篮球架，就需要花一笔不少的钱，所以还是自己动手做一个比较好。我决定使用泡沫管和粗绳子做一个。自己制作的好处就是可以按照孩子的身高进行调整，这样一来，就算孩子们个子不高也可以灌篮了。

游戏年龄：5~7岁

准备材料

泡沫管、粗绳子、纸棍子、箱子

游戏效果

- 投球能够提高孩子的运动能力。
- 打篮球有利于孩子身体协调能力的开发。

孩子的游戏反应

好动的孩子们都很喜欢玩球类游戏。如果不能在室内踢球的话，为何不试试篮球呢？看着孩子高兴地投球的样子，大人也会很高兴。此外，还可以一家人一起举办投球大赛。

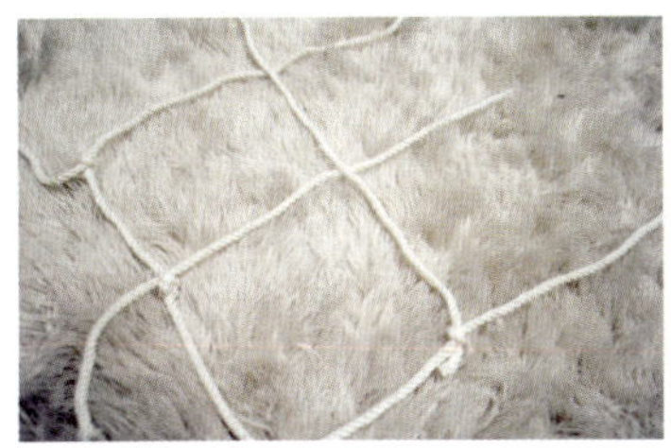

1 将粗绳子横竖穿插着绑在一起，像渔网一样。

2 把绑好的绳子拴在泡沫管上。

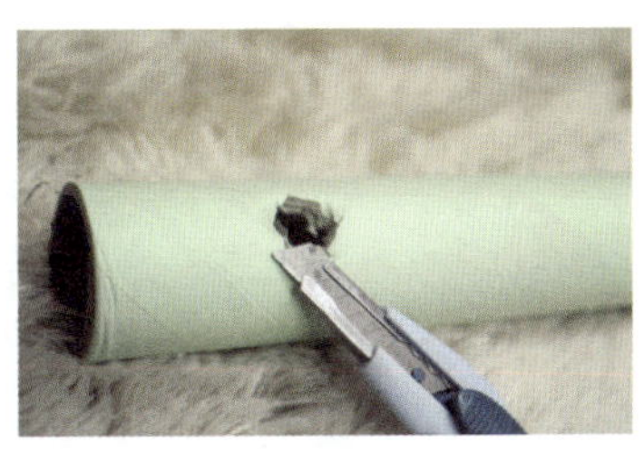

3 用刀在纸棍子上挖个洞。

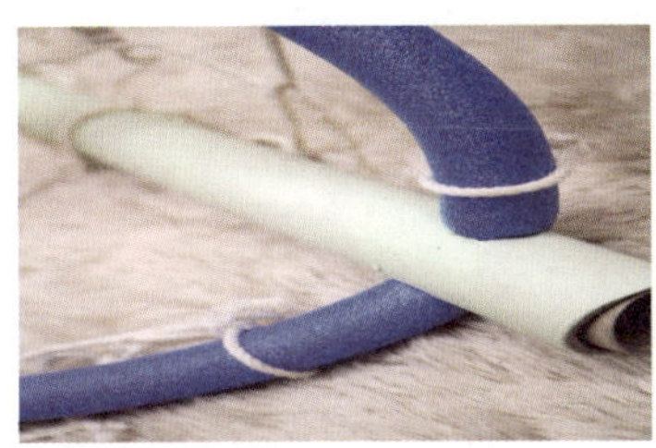

4 将泡沫管插入洞中，用粗绳子连接好，另一边再用同样的方法连接好。

5 准备好箱子作为支撑台，将纸棍子插入其中固定好。

★这种长度的纸棍子一般在布料店或者洗衣店可以找到。

6 这样，篮球架就做好了。下面就可以和孩子一起进行投篮游戏了。

游戏应用

喝完饮料后，饮料瓶不要扔，只要染一下色或者用锡纸包一下就可以作为保龄球瓶使用了。这样下雨或下雪的时候就可以让孩子在室内做游戏了。

游戏之后孩子的改变

像足球和篮球这些需要射门或者投篮的运动，可以提高孩子的注意力。而且如果看到别人进的球比自己多，孩子就会产生竞争意识和想要赢的意念。

No23 打鼹鼠游戏

打鼹鼠游戏是孩子们非常爱玩的一种游戏，虽然简单，但用来减压却很有效。我们也应该给孩子提供一种减压的方式。而且这个游戏还可以一家人一起玩。大家一起做游戏，孩子会更开心。

游戏年龄：2~4岁

准备材料

水果塑料保护托盘、盒子、木制筷子、卡通人物、胶枪、刀、泡沫球

游戏效果

- 可以增强孩子的爆发力。
- 可以提高孩子的注意力。

孩子的游戏反应

因为不知道人偶会从哪个洞里蹦出来，所以做游戏时孩子的精神会高度集中。而且该游戏可以根据孩子的年龄调整难度，同时还能够测试孩子的瞬间反应能力。

1 准备一个和水果塑料保护托盘大小一致的盒子。

★也可以使用和托盘一起的水果箱子。

2 托盘后面会有一块凸出的部分，将这部分裁掉。

3 裁好后，可以用其与孩子玩躲猫猫的游戏。这样，在制作过程中，孩子就不会觉得无聊了。

4 用胶枪将塑料托盘固定在盒子上。

5 将孩子喜欢的卡通人物固定在根木制筷子上面。然后再将泡沫球固定在另一根筷子上面。

6 裁掉盒子的另一面，使手能够伸过去。

7 大人操纵人偶，孩子举着泡沫球棒击打从洞中蹦出来的人偶即可。

游戏之后孩子的改变

想必大家都不知道，其实幼儿也有很大的压力。玩这样的游戏，既可以帮助孩子解压，又可以增强孩子的爆发力、注意力。

No24 用箱子制作玩具收纳盒

孩子的一些小玩具很容易丢，或者到处乱滚，每次都要重买的话就很不划算。所以，为了盛放这些小东西，以及培养孩子整理的习惯，我便做了一个简单的玩具收纳盒。

游戏年龄：2~4岁

准备材料

箱子、花布、透明胶带、胶枪、牛奶盒、剪刀

游戏效果

- 培养孩子整理东西的习惯。
- 制作过程中可以充分发挥孩子的创意力。

孩子的游戏反应

孩子很难养成整理的习惯。而和他们一起做收纳盒，会让他们把整理玩具也当作一种游戏，这样孩子们就会自发地整理东西了。

1 将牛奶盒上面多余的部分去掉之后，用透明胶带粘好。

2 将一个牛奶盒从中间切开，但不切到底。

3 按同样的方法再做一个，然后将两个牛奶盒拼在一起。如果还有剩余空间的话，也可以再多加几个盒子。

4 将水果箱子从中间竖着切开，然后把一边掉过来拼接到另一边上。这样就既可以从上面竖着放东西，又可以从下面横着放东西了。

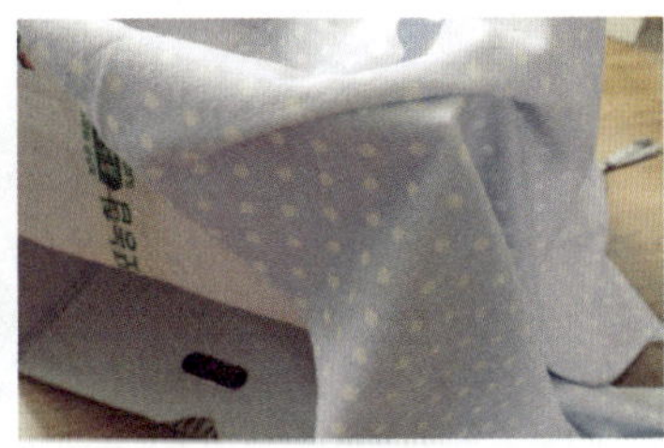

5 用花布装饰箱子，粘贴时可以使用胶枪。

6 用同样的花布装饰好牛奶盒后，就可以将玩具放在收纳盒里了。

游戏之后孩子的改变

像拼图这样的小玩具很容易丢失。就算只丢了一两块，整个拼图也不能再玩了。但只要我们制作好收纳盒，并教给孩子整理的方法，就完全可以避免这种情况的发生。

No25 用塑料杯制作手摇乐器

每次去文化中心，孩子们最先拿起的都是手摇乐器。这种乐器不仅声音好听，而且有助于孩子的听力发育。孩子们既可以配合着乐器的声音唱歌，也可以配合着CD中播放的音乐边摇边跳舞。下面就来一起制作这种多功能手摇乐器吧。

游戏年龄：2~4岁

准备材料

一次性塑料杯 6 个、珠子 20 个、钉子、透明胶带、钳子

游戏效果

- 对孩子的情感发育有帮助。
- 能够促进孩子的听力发育。

孩子的游戏反应

孩子发育时，所有的感官系统最好能够一起发育。这种手摇乐器既能锻炼孩子的肌肉，又能促进孩子的听力发育，是一种十分有益的玩具。孩子听到自己演奏出的不同声音，也会觉得很有意思。

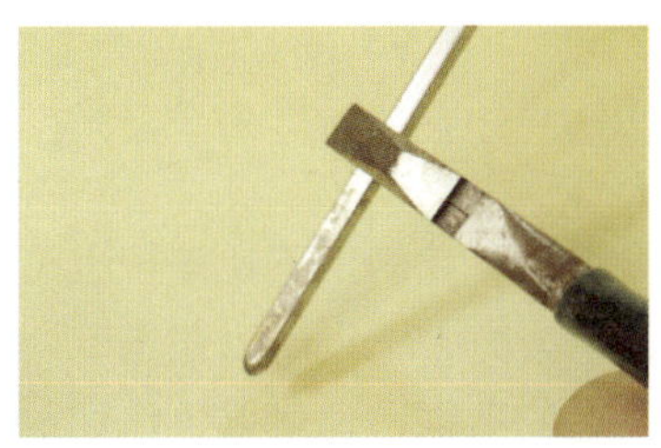

1 用钳子夹住钉子在火上烤一烤。

★因为存在一定的危险，所以这一步要由妈妈来做。

2 用烤红的钉子在塑料杯上各烫 4 个洞。洞要比准备好的珠子大。

3 做的过程中，可以将珠子先放在杯子中让孩子们玩。

4 先将珠子放在最下边的杯子中，然后再依次将剩下的杯子按杯口对杯口、杯底对杯底的方法一个个摞起来。最后用胶带将杯子固定在一起。

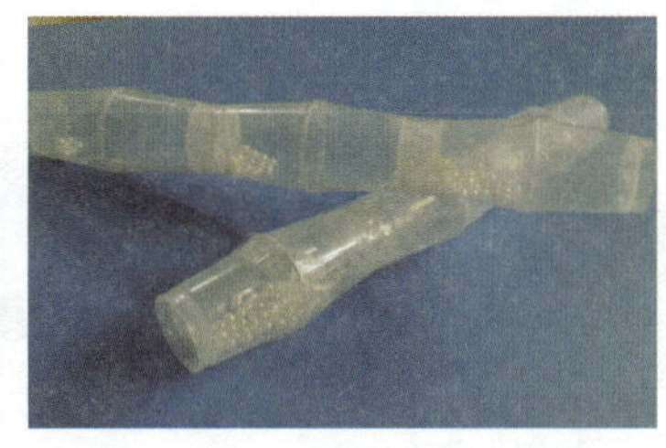

5 这样，手摇乐器就做好了。

6 手摇乐器既可以上下摇动，也可以横着放在地上前后推动。孩子们还可以比一比谁推得更快。

游戏应用

现在因为大部分家庭都有电脑，所以大家一定经常使用光盘。如果有不用的光盘，便可以做成钹（一种打击乐器）。

游戏之后孩子的改变

如果我们直接让孩子唱歌，他们可能唱得并不好，但如果加入手摇乐器作为伴奏，效果就会好很多。就算唱得不好，只要我们给予肯定，孩子就会获得自信。

No26 用纸筒制作望远镜

用眼睛看到的世界与用望远镜看到的世界大不相同。那么，我们何不让孩子也见识一下呢？虽然使用普通望远镜也没问题，但孩子的手毕竟太小，所以还是专门做一个比较好。我们既可以让孩子通过望远镜观察周边的事物，也可以让他们试着说一说发现了哪些不同。

游戏年龄：2~4岁

准备材料

卫生纸纸筒、彩纸、月历、绳子、胶水、剪刀、胶枪

游戏效果

- 能够提高孩子的观察能力。
- 可以提高孩子的语言表达能力。

孩子的游戏反应

透过望远镜看到的世界，与孩子们之前看到的世界完全不一样。所以孩子们一拿起望远镜就再也不想放下，对望远镜爱不释手。

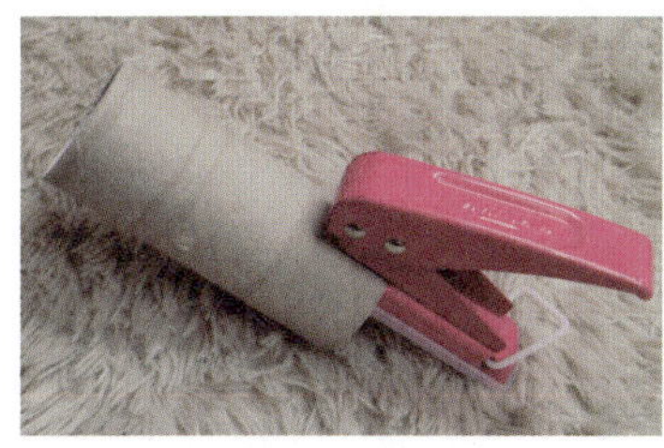

1 用打孔机在两个卫生纸纸筒上打孔。

2 用漂亮的彩纸将卫生纸纸筒包起来。

3 将月历纸卷起来，在外面包好彩纸后切成小段。

4 用胶枪将这些小段固定在两个卫生纸纸筒中间。

5 接着再用其他颜色、不同图案的彩纸装饰一下。

6 最后将绳子穿过刚才打的小洞后系好即可。

 **游戏之后孩子的改变**

孩子们非常喜欢望远镜，大概是觉得太神奇了吧。望远镜一做好，孩子们就迫不及待地想用它们来观察周围事物。这样的游戏不仅新奇，同时还能提高孩子的注意力。

No27 用水果包装网制作渔网

有一首儿歌叫《捉泥鳅》，然而在现实生活中，我们却很难带着孩子去河里捉泥鳅或者捉鱼。所以我们只能做个渔网和孩子在家中模拟捉鱼游戏。虽然不是真的，但孩子们依旧玩得很开心。加上生动的表演，就更有意思了。

游戏年龄：5~7岁

准备材料

水果包装网、报纸、胶带、绳子、包装纸、胶枪、塑料袋

游戏效果

- 可以提高孩子的语言表达能力。
- 既可以充分发挥孩子的想象力，又可以促进孩子的肌肉发育。

孩子的游戏反应

要捉到用塑料袋做的鱼其实并不简单。所以为了让“鱼”不跑掉，做游戏时孩子们要格外集中精神。

1 将报纸卷起来，然后用银色包装纸将报纸包起来。

2 将水果包装网打开，接着用胶枪把包好的报纸粘在包装网上，留出渔网的把手部分。

3 把绳子缠在把手上，防止孩子握的时候打滑。

4 用同样的方法把另一个把手也缠好。

5 这样，用水果包装网和报纸做的渔网就完成了。

6 将塑料袋吹起来并绑住袋口，再在上面点上眼睛，鱼就做好了。之后就可以和孩子一起游戏了。

游戏之后孩子的改变

“捉鱼”时既可以练习数数，也可以锻炼手部肌肉。而当“捉鱼”的游戏玩够了之后，孩子们自然又会用它开发出新的游戏。

No28 用纸筒制作人偶

通常男孩都没有女孩那么喜欢娃娃，但如果是自己做的就另当别论了。制作前我们要充分地与孩子沟通，了解他们想要什么样子、有什么表情的娃娃。我们也可以通过制作娃娃，看出每个孩子的不同个性。

游戏年龄：2~4岁

准备材料

绒线铁丝、眼睛装饰、卫生纸纸筒、彩纸、剪刀、胶水、胶枪、泡沫球

游戏效果

- 给娃娃贴眼睛和头发的时候，可以锻炼孩子的观察能力。
- 制作过程中也可以充分发挥孩子的想象力。

孩子的游戏反应

制作娃娃的过程中，孩子会仔细观察爸爸、妈妈，或者身边其他人的样子。当然，为了做出和自己一样的娃娃，他们也会通过镜子仔细观察自己的样子。

1 在卫生纸纸筒上贴上彩纸。

2 贴好后将剩余部分塞入纸筒内。

3 用胶枪将泡沫球固定在纸筒上。

4 半成品的样子基本上和前面制作的“麦克风”一样，所以中间也可以让孩子用“麦克风”做做小游戏。

5 把眼睛装饰贴在泡沫球上，然后再用绒线铁丝做出娃娃的头发部分。

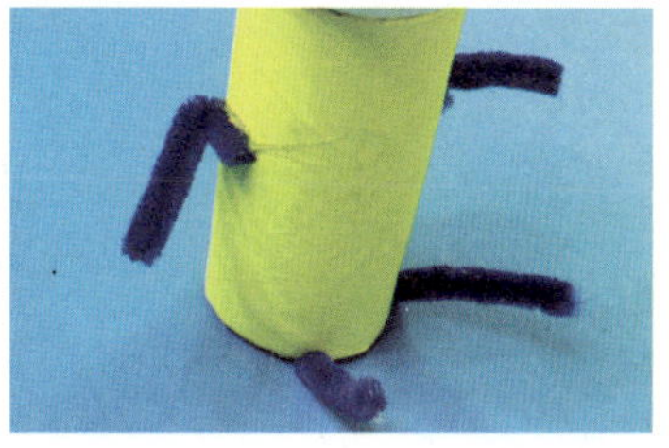

6 剩下的绒线铁丝就做成娃娃的四肢。

游戏之后孩子的改变

孩子在制作过程中时不时会发出一些感叹，例如“我长这个样子啊”“原来我长这样”等。此外，孩子们还可以做表情游戏，而这样运动面部肌肉对孩子的身体发育也有好处。

孩子们大多都很好动，因此那种安安静静坐在桌子旁的学习方法并不适合他们。其实我们可以利用孩子好动和好奇心强这两个特点，通过人体游戏来教学。而且这样做，还能达到锻炼肌肉的目的。在做身体游戏的过程中，妈妈们尽量不要给孩子空间上的约束，因为这样做会使孩子对身体游戏失去兴趣。

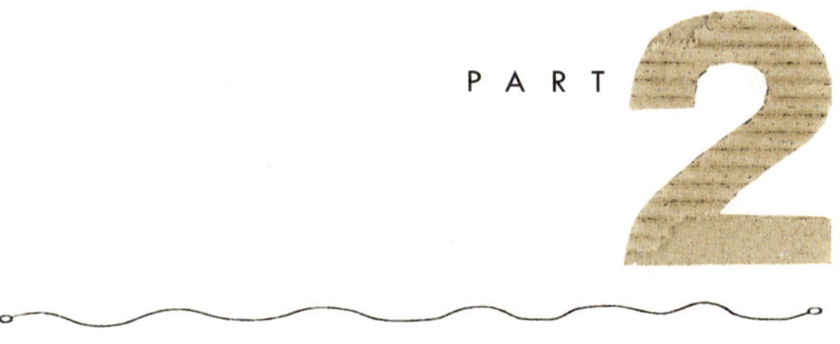

PART 2

和妈妈一起做的身体游戏

No29 塑料雨声游戏

下雨时，不仅雨水敲打窗台的样子很动人，雨滴声也很悦耳动听。此外，常听雨声还有助于孩子的情感发育。所以我特意准备了一些东西来再现雨声，这样即使不下雨，孩子也能够在家中听到雨声了。那么，接下来就让我们与孩子一起在客厅倾听下雨的声音吧！

游戏年龄：2~4岁

准备材料

报纸、塑料布、纸、颜料、喷雾器、刷子、胶带、调色盘

游戏效果

- 水滴击打纸张和塑料布的声音，有助于孩子的听力发育。
- 颜料像雨水一样落下来的样子，配合着声音，有助于孩子的情感发育。

孩子的游戏反应

孩子对于喷雾剂能喷水这件事已经感到很神奇了，看到水带着颜料一起滴落下来的样子时，更是兴奋地感叹“真漂亮”。其实这样简单的游戏，也十分有益于孩子的认知能力开发。

游戏准备

在阳台的地面上铺上报纸，接着在窗户上贴上白纸，然后再在上面贴一层塑料布。

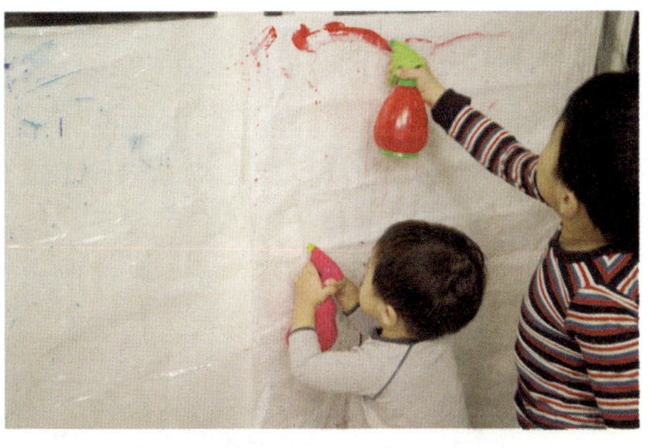

游戏 -1 在塑料布上作画

将颜料挤在调色板上，不用加水而直接用刷子蘸，然后让孩子用蘸了颜料的刷子在塑料布上尽情作画。

★画成什么样子都无所谓。妈妈只要在旁边看着他们画就可以。

游戏 -2 在画上喷水

在喷雾剂中装入水后，将水喷到画上，随之颜料会一点点被冲刷干净。让孩子注意听水喷到塑料布上的声音，孩子会很喜欢这种清脆的声音。

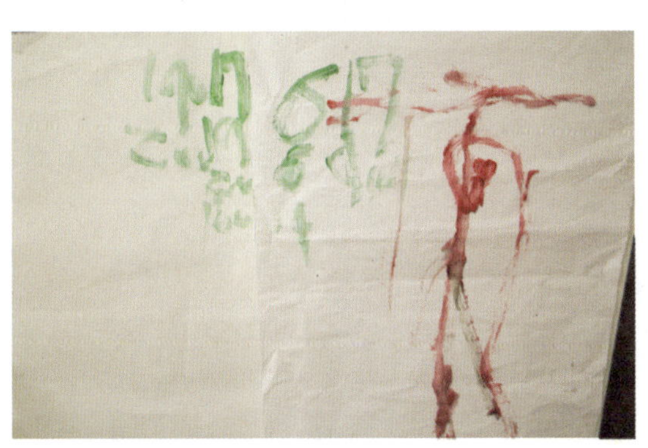

游戏 -3 在白纸上作画

摘掉塑料布后，让孩子在白纸上直接画画。不管是画还是字都可以，让孩子尽情地玩。

游戏 -4 在纸上喷水

像刚才在塑料布上喷水一样，用同样的方法在纸上喷水。虽然纸上的画不会像塑料布上的那样消失，但水会被纸张吸收掉。这样孩子就明白了纸和塑料布在吸水性上的差别。

游戏之后孩子的改变

用喷雾剂模仿下雨的声音时，孩子们都听得相当认真。看到塑料布上的画被冲掉时，孩子们还会告诉我“妈妈，画变没了。世界干净了”。很明显，通过游戏，他们的语言表达能力也提高了不少。

No30 面条作画游戏

大部分孩子都很喜欢面食，比如面条、方便面等。我的两个孩子也是如此，他们吃面条的样子别提多可爱了。每当我将煮好的面条放到桌上，小儿子就会一根一根把它们吸到嘴中。看到他们如此喜欢面条，我就产生了用面条做游戏的想法。即便只是比较面条煮之前与煮之后的样子也很有意思。

游戏年龄：2~4岁

准备材料

面条、塑料布、米糊、黑纸

游戏效果

- 孩子可以感受到面条煮之前硬硬的触感。
- 用面条拼图案，能够锻炼孩子的思考能力以及语言表达能力。

孩子的游戏反应

孩子们的好奇心都很强，所以在妈妈做饭的时候，他们总是喜欢跟在后面，而且对各种食材都十分感兴趣。利用厨房里的食材做游戏，能够培养孩子各方面的认知能力。

游戏准备

首先在地板上铺上塑料布，等孩子坐到上面后，再将面条交给他们。

游戏 -1 将面条捏断

让孩子用手尽情地捏，同时感受面条的触感。当然也可以让孩子随便抛起面条。

★最好用挂面。比较细，适合用来给孩子们玩。

游戏 -2 用面条做舞刀游戏

把面条铺在地上后，可以像滑冰一样推着孩子在上面滑，以便让他们感受面条的触感。也可以用面条做舞刀的游戏。当然，他们会发现当用“刀”刺向对方时，“刀”会断掉。

游戏 -3 用面条拼图案

如果面条被捏碎了，就可以拿出准备好的黑纸，并在上面用米糊画出图案。在米糊完全干掉之前，捧起碎面条撒在上面。这样碎面条就会粘在米糊上面，呈现出之前画的图案。

★比起一般的胶水，米糊的黏性更好。

游戏 -4 用碎面条拼线条

孩子可以用碎面条拼出线条和图形。通过游戏，孩子可以自然地了解：线与线连接能够形成面，面与面连接能够形成立体图形。

★材料最好根据孩子的喜好来选择。

游戏之后孩子的改变

大多数的孩子并不知道好吃的面条是由干面条煮制而成的，所以我们可以通过游戏告诉他们这一点。此外，在手握面条的过程中，孩子的触感也会增强。

No31 面包屑和面游戏

妈妈们可能都认为，身体游戏只有在早教中心这样的地方才能做。但在早教中心里做身体游戏不仅来回路上需要花费时间，而且孩子真正的游戏时间也很短。所以我们不如就在家中做身体游戏，让孩子玩得尽兴一些。但早教中心还是要去的，因为孩子在那里可以和更多同年龄的孩子们一起体验团体生活。而针对孩子个人发育的身体游戏，似乎还是在家中做的更好，你说呢？

游戏年龄：2~4岁

准备材料

面包屑、塑料布、食用色素、空箱子、胶带

游戏效果

- 孩子可以知道面包屑的触感。
- 通过给面包屑染色增强孩子的创意性。

孩子的游戏反应

利用面包屑可以做很多种游戏，例如撒面包屑、踩面包屑等，同时还可以衍生出很多故事。

游戏准备

将空箱子拆开，再用胶带贴在一起做成围墙。在地上铺上塑料布后，将围墙放在上面。再准备好面包屑。孩子在玩面包屑的同时，妈妈要将食用色素稀释好。

游戏 -1 用面包屑制作雪景

从上至下撒面包屑就会有一种下雪的感觉。孩子可以反复地将面包屑捧起来、撒下去。

★注意千万不要撒入眼睛、鼻子、嘴巴里。

游戏 -2 在面包屑上踏步

将面包屑拢到一起后，让孩子在上面踏步。因为仅仅用手感受是不够的，也需要用脚感受一下。

★最开始会感觉有些麻，可以让孩子脚趾用力一些踩在上面。

游戏 -3 将面包屑盛入容器中

把杯子、大勺子、小勺子交给孩子，让孩子试着用这些工具舀面包屑、盛面包屑等。

游戏 -4 将食用色素洒在面包屑上揉搓

反复揉一揉，面包屑就会结块变软。而且加入色素，孩子们还可以看到面包屑变色的过程。当然也可以玩过家家游戏。

游戏之后孩子的改变

我的孩子们最喜欢的就是身体游戏。通过上面的身体游戏，孩子们可以体验到面包屑既脆硬又柔软的触感。同时在游戏过程中，孩子们需要将自己的感觉表达出来，所以他们的语言表达能力也得到了锻炼。

No32 葡萄染色游戏

虽然夏季的“水果王”是西瓜，但葡萄同样也很受大家的欢迎。葡萄中富含钙、钾、铁等多种无机物，对孩子的成长非常有好处。可在给孩子吃葡萄的时候，妈妈们又十分担心葡萄汁会染到衣服上，所以一般只给孩子吃葡萄瓤，而把葡萄皮直接扔掉了。但我们何不让孩子用葡萄皮来做染色游戏呢?

游戏年龄：5~7岁

准备材料

葡萄、绳子、碗、白色抹布

游戏效果

- 染色游戏能够增强孩子的审美。
- 染色的过程能够加强孩子对色彩的认识。

孩子的游戏反应

一直以来孩子们都以为葡萄只能吃，所以当他们看到葡萄汁可以用来染色的时候，便感到相当神奇。而且葡萄散发出的天然香味还可以促进孩子嗅觉的发育。

游戏准备

准备好白色的抹布和绳子，然后妈妈给孩子们做个示范，用绳子绑好抹布，接着孩子们照着妈妈的样子做。

游戏 -1 用力拉绳子

让孩子向两端用力拉绳子，可以看到绳结会变得不一样。也可以妈妈和孩子各拉一头。

★绑绳子并没有什么特殊的方法，随便绑就可以。

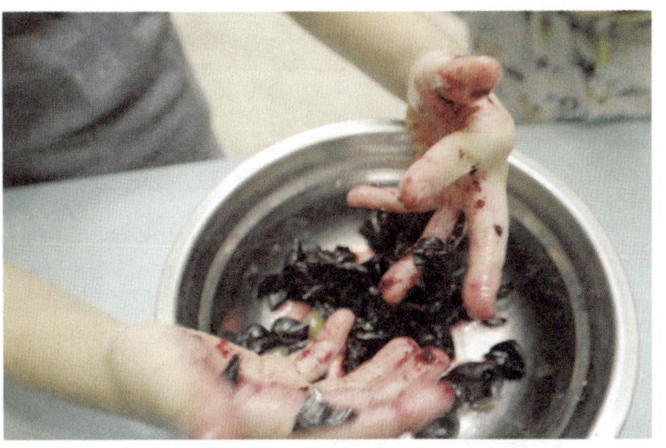

游戏 -2 用手挤压葡萄皮

吃完葡萄后，将葡萄皮放入碗中，用两手挤压葡萄皮。一直用力挤压下去，葡萄皮会变碎，手则会染上颜色。

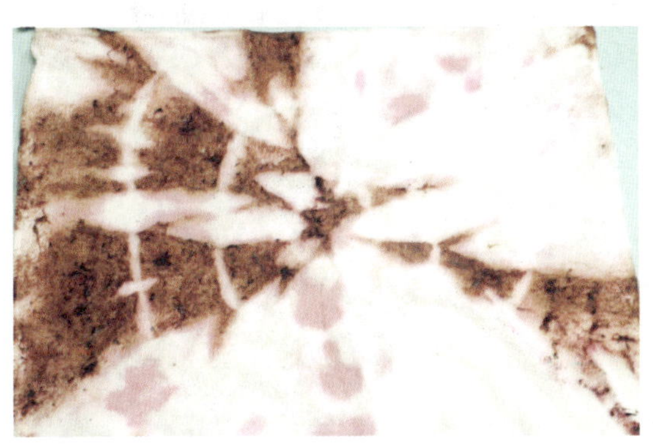

游戏 -3 用葡萄皮染色

和孩子一起将绑好的抹布放到装有葡萄皮的碗中，然后用力揉搓，这时就能看到白色的抹布一点点变紫。弄好后再解开绳子。这样，染色便完成了。

游戏 -4 剥葡萄皮

一般吃葡萄时，妈妈们都会替孩子先剥好葡萄皮，但其实我们也可以尝试着和孩子一起来剥。因为剥皮既能提高孩子的注意力，又能促进孩子手部肌肉的发育，而且孩子还可以从中获得自信。

游戏之后孩子的改变

自从做了染色游戏后，孩子们就养成了不轻易扔东西的习惯。起初我的小儿子并不太喜欢葡萄软软的感觉，但当看到哥哥的手被染上色并散发出果香后，他也积极参与到了游戏当中。

No33 塑料尾巴游戏

只要家里有小孩，就一定会有一两本与动物相关的书，而书中也一定会提到动物的尾巴。因此，我们可以自己和孩子们一起制作尾巴、一起玩游戏。比如，可以玩抓尾巴游戏，孩子们既可以对动物们的特征进行比较，也可以学会大、小、长、短等形容词。此外，我们还可以把尾巴夹在孩子身上，让他们切身体会一下各种动物的特征。

游戏年龄：2~4岁

准备材料

塑料布、报纸、胶带、夹子、油性笔（油性签字笔）、剪刀

游戏效果

- 可以了解动物特征。
- 可以扮演动物角色。

孩子的游戏反应

孩子们都很喜欢印有动物图案的书。虽然直接带孩子到动物园参观也能有所收获，但是动物尾巴游戏能够让孩子更容易地记住动物的特征和名字。

游戏准备

准备好报纸后，将报纸卷起来，把塑料卷在报纸外面，卷两层左右，然后用胶带固定住塑料布，剩余塑料布用剪刀剪掉即可。

1 让孩子用油性笔在塑料布外面画些花纹。不要毫无准备地让孩子随便乱画，最好可以参考书里的动物图案，这样更有助于孩子的理解。

★各种动物的尾巴形状都不一样，所以用塑料布制作模型及画花纹的时候，都要注意动物的特征。

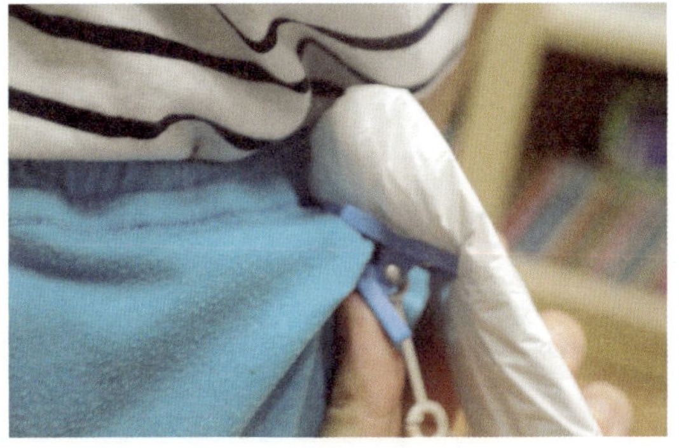

2 画好花纹后，用夹子夹住尾巴的一端，然后将尾巴夹在孩子的裤子后面即可。

3 孩子夹上自己喜欢的尾巴后，就可以像动物们一样高兴地跑跑跳跳了。他们可以互相抓尾巴，也可以互相嬉戏。这样能够让孩子对动物世界产生更直观的感受。

4 玩完抓尾巴的游戏后，一定要让孩子们拥抱在一起对彼此说“我爱你”，这样才更能加深兄弟之间的感情。

游戏之后孩子的改变

原本孩子们只能通过读书和参观动物园之类的间接方式接触动物，但间接体验并不能让孩子充分爱上小动物，以及了解小动物的特征，而游戏的方式则可以让孩子们快速地了解动物特征。此外，在游戏过程中，孩子们再现实际情况的能力也会得到提升。

No34 塑料幻觉艺术

幻觉艺术是现实与图片巧妙结合的产物，有时使人感觉置身在三次元空间当中，有时又使人感觉仿佛人体与背景合在了一起。最初参观幻觉艺术展时，我和孩子并不觉得有趣，但当看到别人在画前所摆出的各种动作以及拍出的照片后，我们也开始对此产生兴趣。但是由于幻觉艺术展的参观者太多，我们便只能在家中进行幻觉艺术游戏。

游戏年龄：5~7岁

准备材料

半透明塑料布、油性笔、胶带、剪刀

游戏效果

- 孩子通过画画锻炼了想象力。
- 可以让孩子钻到塑料布外，使游戏具有立体感。

孩子的游戏反应

重复做同一个动作，或者读同一本书，孩子们很快就会厌倦。而最好的方法就是将书中的情景再现出来。例如做幻觉艺术游戏时，如果哥哥喊“我被照片吃掉了，快来救我”，弟弟就会马上跑过去撕开塑料布。

游戏准备

将半透明塑料布贴在书架或者墙上。用胶带贴，塑料布才会比较不容易掉，贴的时候一定要仔细、认真。

游戏 -1 在塑料布上画画

让孩子用油性笔在塑料布上画画，妈妈要提前给孩子定好主题。不要只是单纯随意乱画，最好能够用画演绎出一个故事来。

游戏 -2 裁剪游戏

将画中的一部分，例如狮子或者动物的头裁剪下来。

游戏 -3 幻觉艺术游戏

让孩子从裁减掉的洞中探出头来。当两个孩子都把头钻出来后，就可以即兴创作情景剧了。虽然看起来没有什么了不起，但这就是我们一家人所做的立体幻觉艺术游戏。

游戏 -4 幻觉艺术面具游戏

虽然制作环境较差，完成品也不如实际的幻觉艺术那么出色，但因为直接参与其中，孩子们还是觉得非常有趣、好玩。如果有狮子或者老虎的面具，也可以用来做游戏。

游戏之后孩子的改变

孩子们可能会问："梅花鹿那么漂亮，为什么狮子不和它好好相处，而要吃掉它呢？"妈妈们多半都会回答："因为狮子比梅花鹿凶，而且狮子的力气很大！"可是孩子们太小，还不懂得弱肉强食的道理，在他们看来动物都应该是朋友。但如果我们用游戏的方式告诉他们弱肉强食的道理，他们理解起来就简单多了。而且如果我们从孩子的立场出发，将狮子或者老虎描述得稍微温顺一些，就会创造出与众不同的温暖故事了。

No35 动物脚印游戏

孩子们都很喜欢动物，而模仿动物的脚印是了解动物的方法之一。因为孩子们很难在实际生活中看到动物的脚印，所以在介绍的时候也可以使用这个方法。

游戏年龄：5~7岁

准备材料

颜料（儿童用无毒性颜料）、白纸、动物脚印图案（或者印有动物脚印的书）、调色盘

游戏效果

- 通过分辨动物脚印，了解动物特征。
- 锻炼孩子的表达能力。

孩子的游戏反应

通过书本，孩子们只能看到动物的样子。但通过脚印游戏，孩子们还可以了解到各种动物不同的特点。通过游戏的方式来介绍，更有助于孩子们的理解。

游戏准备

在客厅铺上两张大白纸，用胶带将白纸的四角贴在地上，以防白纸移动；在网上搜索动物脚印图片，并用打印机打印出来即可。

游戏 -1 挤颜料游戏

让孩子用力将颜料挤在调色盘上。虽然不是什么高难度的事情，却能够锻炼孩子的手部肌肉。

★不管游戏有多简单，都要尽量让孩子自己来做。这样才能培养孩子的自立意识。

游戏 -2 脚印游戏

让孩子用脚蘸上颜料，并踩在白纸上，这样脚印就印在上面了。向孩子说明，这就是人的脚印。

游戏 -3 画动物脚印

让孩子两手握拳，拳头下方蘸上颜料，然后印在白纸上作为动物的脚掌部分；接着，让孩子依照打印出来的动物脚印图，用手指蘸上颜料在脚掌上方画出动物的脚趾；最后，妈妈根据脚印向孩子介绍动物的特点和习性。

游戏 -4 比较不同的脚印

可以让孩子比较不同动物的脚印，也可以让孩子比较爸爸、妈妈的手印、脚印的大小，这些游戏都很有意思。

游戏之后孩子的改变

虽然我们可以通过阅读的方式来给孩子讲授动物知识，但显然通过游戏的方式，效果会更好。而且还可以边做游戏边聊天，比如我家小儿子就说“小狗不仅长得可爱，而且脚印也十分可爱。下次再看到小狗，一定要看看小狗的脚印”。此外，画脚印还可以充分发挥孩子的创意力。

No36 手掌彩虹游戏

七色彩虹很漂亮。但是要在现实生活中看到彩虹还是有一定难度的，所以我们只能通过书本或者照片来给孩子介绍彩虹。不能让孩子看到彩虹，真的是一件遗憾的事情。因此我产生了要和孩子一起制作手掌彩虹的想法。孩子们用小手做出的彩虹，别提多漂亮了。

游戏年龄：2~4岁

准备材料

颜料（儿童用无毒性颜料）、调色盘、软蜡笔、白纸两张、铅笔

游戏效果

- 孩子认识到两种颜色混合后能够产生新的颜色。
- 通过游戏，学习彩虹的七种颜色。

孩子的游戏反应

我小时候在学配色时只是死记硬背，不仅不能理解其中的原理，而且很容易就忘记。所以我希望他们在学习配色时能有比较简单的方法。通过这个游戏，我的孩子不仅比其他的小孩更快地领悟，而且对颜色之间的搭配关系也掌握得很清楚。

游戏准备

在阳台上铺两张白纸，让孩子用手将颜料挤在调色盘上。

游戏 -1 搭配颜色

即使颜色不全，也可以使用其他颜料调配出来。“红色和蓝色配在一起就是紫色，很神奇对吧？”像这样一边说明，一边让孩子自己尝试。

游戏 -2 写字游戏

让孩子用搭配出来的颜色将配色原理写出来，这样通过游戏还可以学习写字。

游戏 -3 手掌印游戏

用铅笔在纸上画 7×7，共 49 格，然后让孩子蘸着颜料在格子内印上自己的手掌印。手掌印花花绿绿的，十分漂亮。

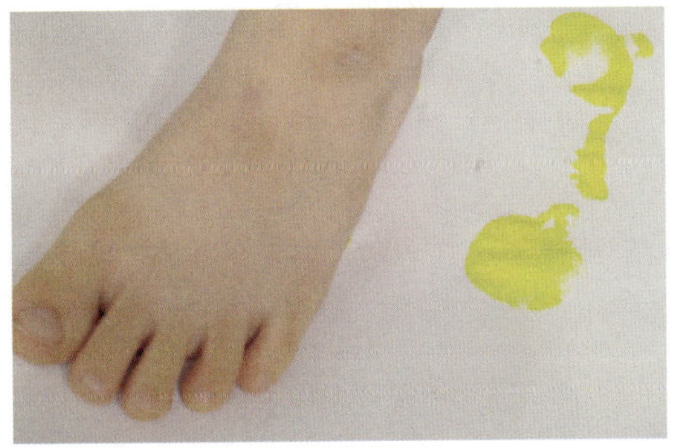

游戏 -4 脚掌印游戏

不仅仅是手掌印，还可以印上脚掌印。

★以上所有游戏都可以促进孩子手部肌肉的发育。妈妈们尽量不要插手，让孩子自己做。

 **游戏之后孩子的改变**

游戏开始之前孩子们并不懂得配色，但游戏结束之后他们便能够明白红加黄就是橘红等各种颜色搭配原理。

No37 面粉糊西瓜游戏

通过这个游戏，孩子们既可以了解面粉的触感，也可以了解面粉糊的触感。面粉糊做好后不要丢掉，可以和报纸一起用来制作西瓜。因为既要做模型等待其凝固成型，又要涂色等待其变干，所以制作西瓜大概要花费2~3天的时间。

游戏年龄：5~7岁

准备材料

面粉糊、塑料布、报纸、气球、颜料、绒线铁丝

游戏效果

- 培养孩子的想象力。
- 促进触觉和身体平衡能力的发育。

孩子的游戏反应

孩子们在游戏过程中边听边看，因而认知能力得到了提升。在认知事物方面，其实不管是什么东西，还是让孩子直接体验为好，毕竟通过电脑或是书本进行的学习都有一定的局限性。就像面粉糊游戏一样，孩子们可以直接触摸，获得最直观的感受。

游戏准备

准备一个气球，吹至适当的大小作为制作西瓜的模具；在地板上铺上塑料布。在碗中放入1杯面粉和3杯水（按1：3的比例）进行搅拌，直至透明色，搅拌到这种程度，面粉糊就不容易粘到地板上了。

游戏 -1 扔碎纸游戏

和孩子一起将报纸撕碎，然后让孩子们随意地扔着玩。

游戏 -2 在气球上粘报纸

将面粉糊铺在塑料布上，然后用气球在上面滚一滚；接着将报纸一条一条地粘到气球表面。注意不要贴得太薄，否则晾干后表面会很粗糙，所以最好贴上很多层后放到阴凉处晾上 1~2 天。

游戏 -3 制作西瓜

报纸晾干后在上面剪出一个硬币大小的洞，从这个洞入手将报纸和气球分离开来，使两者不再粘在一起；分离好后给报纸球染上绿色外衣，晾干之后再在上面画上黑色纹路。顶部的西瓜秧用绒线铁丝代替。

★全部制作完成后，用网兜装好西瓜，和孩子们一起做卖西瓜的游戏，孩子们可以大喊“卖西瓜咯”。

游戏 -4 抛气球游戏

气球既可以抛，也可以打，用它可以做很多种游戏。虽然做起来都很简单，但却是孩子们所喜欢的。

游戏之后孩子的改变

虽然大人们很讨厌面粉糊黏黏腻腻的感觉，但孩子们却很喜欢。而且这个游戏还可以促进孩子触感的发育。

No38 面粉岛湖游戏

以前，幼儿园组织妈妈和孩子们一起用纸黏土（一种流行于欧美、日本、韩国等国家的软雕塑材料，原料主要是纸纤维）制作过小岛和湖泊。由于孩子们很喜欢这个游戏，所以我想在家里也尝试一下。幼儿园用的是纸黏土，在家中就可以用面粉来替代，而且相对来说面粉更细腻、更柔软。一般来说，托儿所、幼儿园都会组织孩子们做这种游戏。等孩子稍大一些，还可以扩大为制作半岛或者海峡。

游戏年龄：2~4岁

准备材料

面粉、食用色素、塑料布、吸管、纸、剪刀、胶带、筛子

游戏效果

- 通过游戏理解岛和湖的概念。
- 了解面粉的触感。

孩子的游戏反应

大部分孩子都分不清江、湖、海，因为在他们看来这三者极为相似。但通过此游戏，孩子们不仅可以准确地分清岛、湖、江以及大海，同时还可以了解面粉的触感。

游戏准备

游戏开始之前，需要先在地上铺上塑料布。和孩子一起进行这项准备工作，有助于提高孩子的游戏参与度。当孩子在玩面粉的时候，妈妈要用水将色素稀释一下。

游戏 -1 面粉游戏

将准备好的面粉撒在塑料布上，让孩子先将面粉堆成小岛的样子，然后再把中间掏空，为制作湖泊做准备。当然，期间孩子也可以做一些其他的游戏，例如堆沙子、盖手印等。

游戏 -2 筛子游戏

如果厨房里有筛子，可以拿出来让孩子体验一下如何筛东西。孩子们一定会觉得很有趣。

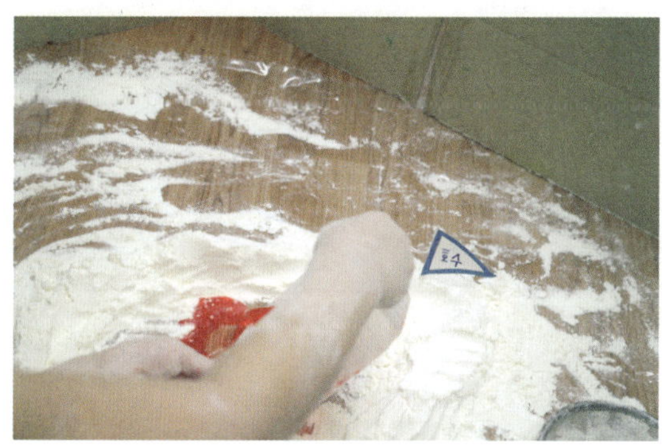

游戏 -3 制作岛和湖

先用面粉堆出岛和湖的样子，然后将吸管从中间剪开，并贴上三角旗作为岛和湖的标记物，最后加入红色食用色素作为湖水。

★虽然用蓝色食用色素会更逼真，但蓝色很难买到，所以最终我选择了红色。当然如果非要用蓝色的话，也可以用儿童专用颜料代替。

游戏 -4 面粉游戏

因为面粉无毒无害，所以我们经常用面粉做游戏。例如，将面粉撒在地上后，用手和脚在上面写字、画画等。

 **游戏之后孩子的改变**

如果只用面粉做游戏，那就只能锻炼孩子的触感；而如果加入岛和湖的制作，就可以让游戏变得更有意思，孩子们也会更有兴趣、玩得更开心。

No39 洗衣游戏

孩子如果和妈妈在一起的时间长了，就会有模仿妈妈行为的倾向。最具代表性的就是洗衣服，所以洗衣服也可以成为游戏。虽然这样做会降低妈妈洗衣服的速度，但只要孩子们能够从中学习，并使肌肉得到锻炼，那就是值得的。

游戏年龄：2~4岁

准备材料

绳子、衣服夹子、手绢、洗衣液、搓衣板、洗衣盆

游戏效果

- 了解泡沫的触感。
- 通过洗衣服，获得自信心与成就感。

孩子的游戏反应

对于洗衣服能够作为游戏这一点，很多人都会表示怀疑。但事实的确如此，所有活动都可以成为游戏。洗衣服游戏不仅很有意思，而且孩子们还可以从中获得自信。

游戏准备

和大部分的游戏一样，洗衣游戏也是在客厅进行。我们需要在客厅地板上铺上塑料布，并准备好搓衣板和洗衣盆。

游戏 -1 肥皂泡游戏

准备好可以起泡的洗衣用品，然后帮孩子将洗衣用品挤到洗衣盆中。孩子们通过触摸泡沫，可以体会到一种湿湿的感觉。

★能够起泡的产品比较适合用来做肥皂泡游戏。

游戏 -2 洗衣游戏

将手绢放在洗衣盆中，让孩子利用搓衣板把手绢洗干净。最初，孩子们会模仿妈妈的动作，但当看到盆中起了泡泡后，又会一时兴起玩起泡泡来，尽显孩子的本性。

游戏 -3 晾手绢游戏

让孩子将手绢洗干净，直至不再产生泡沫为止；衣服洗好后，在客厅系上晾衣绳；最后让孩子用衣服夹子将手绢夹在绳子上。

游戏 -4 吹泡泡游戏

虽然洗衣服看起来很简单，但其实可以衍生出其他很多种游戏。例如在洗衣服的过程中，可以和孩子一起“呼呼呼”地吹泡泡。

 **游戏之后孩子的改变**

过去衣服都需要手洗，而如今人们基本上都已经习惯于用洗衣机洗衣服，所以孩子们可能会问“洗衣机是如何洗衣服的”这样的问题。因此我想通过洗衣服的游戏，向孩子们展示洗衣服的过程。

No40 面粉寻宝游戏

寻宝是外出游玩时常做的游戏，而孩子们对寻宝的喜爱程度也丝毫不亚于捉迷藏等游戏。所以我也为孩子们准备了寻宝游戏，用到的道具有面粉和零食。寻宝游戏可以让孩子自然而然地产生达成目标的欲望。孩子们更是可以吃到喜欢的零食，不失为一个好的游戏。

游戏年龄：2~4岁

准备材料

零食、塑料布、面粉

游戏效果

- 培养孩子寻找东西的直觉。
- 了解面粉的触感，增强孩子的瞬间反应能力。

孩子的游戏反应

直觉是指接触某一事物后的第一感觉。比起直接给孩子零食吃，让孩子自己寻找零食更有意义。因为是自己千辛万苦寻找到的，就算是平时不爱吃的零食，孩子们也会吃得很开心。

游戏准备

准备几种孩子喜欢的零食，不仅仅是饼干，也可以是糖果。种类多的话，寻找起来才更有意思。在客厅地板上铺上塑料布，将零食撒在上面。

游戏 -1 藏零食游戏

撒上面粉，直到将零食全部覆盖住。如果孩子还很小，可以降低一下难度，少撒一些面粉。

游戏 -2 寻宝游戏

寻宝游戏开始。妈妈要先对孩子说“现在开始寻宝，找找看，看面粉里藏了什么样的宝贝吧”，然后孩子再用脚接触面粉，感觉面粉和零食的触感。

游戏 -3 面粉触觉游戏

让孩子用手和脚寻找宝物，这样既可以了解到面粉的触感，也可以了解到零食的触感。另外，还可以比一比，看谁找到的零食更多，等游戏结束再互相分享。

游戏 -4 年糕游戏

除了面粉之外，也可以利用其他粉类做游戏。例如在做年糕的时候，就可以插上筷子做扒堆游戏，看谁最先把筷子弄倒。这样的游戏可以让孩子体会到紧张感。

 **游戏之后孩子的改变**

大部分人都会坐在餐桌前或者客厅里安静地吃零食。但如果我们将其转变为游戏，不是更能够为孩子增添乐趣吗？而且孩子在寻找零食的过程中还会产生竞争意识，进而更加努力地寻找。

No41 报纸彩虹游戏

身体游戏当中最难的就要数与水有关的游戏了。特别是既要用到水，又要用到颜料的游戏，很难在客厅中完成。有很多朋友表示事后很难整理，而我的意见就是尽量在容易整理的地方做游戏。游戏与洗澡并行，既可以让孩子玩得畅快，又容易清洗，而且还有助于孩子养成洗澡的好习惯。

游戏年龄：2~4岁

准备材料

报纸、颜料、水桶

游戏效果

- 在揉搓报纸的过程中锻炼手部肌肉。
- 通过直观体验，学习配色原理。

孩子的游戏反应

染色是孩子最喜欢的游戏之一。但是染色游戏往往会给妈妈们带来很多后顾之忧，例如事后的整理问题，抑或孩子将颜料乱抹的问题等。而由于妈妈们的顾虑与限制，孩子们也很难玩得尽兴。而最简单的解决方法就是在浴室做游戏，不仅收拾起来很简便，而且孩子们也可以玩得更开心。

游戏准备

让孩子尽情地用手撕报纸，这样做也能够给孩子减压。

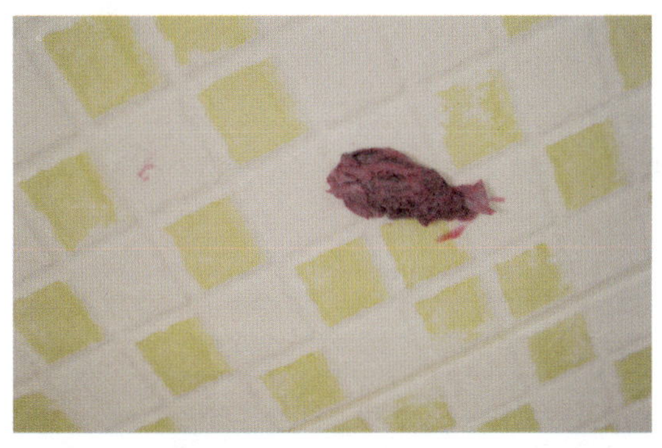

游戏 -1 扔报纸游戏

将报纸揉成团，并放到颜料中染色。然后将上好色的报纸扔到墙上。由于报纸充分浸泡了颜料，所以会贴到墙上。

游戏 -2 装饰墙壁

准备好几种颜料，然后让孩子们随心所欲地进行配色；将染好色的报纸贴在墙壁上作为装饰，以便让孩子们更好地认识赤橙黄绿青蓝紫等多种颜色。

游戏 -3 洗澡与整理

将剩余颜料混合在一起，尝试着搭配出更多的颜色。最后将整理工作留给孩子们。他们可以一边洗澡，一边整理，这有助于他们养成良好的整理习惯。

游戏 -4 避雨游戏

浴室整理好后，可以准备一把雨伞做避雨游戏。妈妈喊“下暴雨了”，孩子们就抓紧伞柄，努力钻到雨伞下面避雨。这样的游戏可以锻炼孩子的握力。

游戏之后孩子的改变

那些费力的游戏，不仅对于妈妈来说是负担，对于孩子们也是一样。所以遇到这种游戏时，就要学会化繁为简和分工。妈妈的负担减轻了，孩子们玩起来会更开心。

No42 白纸屏风游戏

在小学教育中，有很多学习都与春夏秋冬有关，那么为了让孩子更加准确地把握四季的特征，我们何不提前给孩子上上课呢？白纸屏风游戏就是一种不错的学习方式。虽然没有买的屏风那样美，但与孩子一起游戏也别有一番乐趣。

游戏年龄：5~7岁

准备材料

箱子、白纸 4 张、大刷子、颜料、软蜡笔、透明胶带、塑料布

游戏效果

- 准确了解春夏秋冬四季的特征。
- 用不同颜色演绎出四季的特征。

孩子的游戏反应

对于小孩子们来说，分清四季很困难。所以为了便于他们理解，不仅要通过书本来学习，还要通过游戏来加深印象。

游戏准备

将箱子打开，竖着放置；在箱子上附上 4 张白纸，用来表现春夏秋冬；将箱子围成一个圈，在圈内的地板上铺上塑料布。

游戏 -1 看书说话

如果有与四季有关的书，可以先拿出来与孩子们边看边聊。这样初步留下印象后再做游戏，更有助于孩子们理解。

游戏 -2 写生游戏

“春天怎么样？夏天太热了，是吧？”像这样诱导性地与孩子对话。然后在 4 张纸上分别写上春、夏、秋、冬，最后让孩子对应着季节在上面画画。

游戏 -3 填色游戏

背景图案画好后，利用颜料给图案上色。

游戏 -4 颜料游戏

让颜料从纸上流淌下来，就可以自然成画。

游戏之后孩子的改变

孩子很难准确分辨四季。虽然夏天和冬天冷热分明，但春天和秋天就不那么容易区分了。而屏风游戏可以让孩子清楚地将春天和秋天区分开来，并且知道秋天的时候枫叶会变成漂亮的红色。

No43 白纸手绘游戏

虽然现在大部分的文具都可以在网上买到了，但妈妈们如果有时间，建议最好还是到文具店中去亲自挑选。手绘漆就是我在这个过程中恰巧买到的。幼儿专用手绘漆的手感类似于在面粉糊中加入了颜料，十分适合小孩子绘画时使用。

游戏年龄：2~4岁

准备材料

儿童专用手绘漆、白纸、透明胶带

游戏效果

- 感受手绘的感觉。
- 通过绘画培养想象力。

孩子的游戏反应

不是只有用画板和蜡笔才能画画，孩子们更喜欢利用身体来绘画。在宽敞的空间内，毫无束缚地绘画，更有助于培养孩子的想象力。

游戏准备

将白纸铺在地板上，四角用胶带粘牢。

游戏 -1 感受手绘漆

准备好手绘漆后，先让孩子用手指感受一下，然后再画在纸上感受。

游戏 -2 印手印

让孩子们用手掌蘸上手绘漆后，在纸上印出自己的手印。当然，不同年龄段的孩子，游戏的方式也不同。所以不要局限于此，孩子们可以尽情地手绘。

游戏 -3 用手绘画

让孩子用手蘸满颜料后在纸上作画。

游戏 -4 互相体会

让孩子们十指相扣感受手绘漆柔软的感觉，这样还可以增进孩子间的亲情和友情。

游戏之后孩子的改变

以前我们往往会因为担心孩子手上蘸满颜料而尽量避免这种游戏，因此影响了孩子想象力的发挥。实际上身体游戏不仅可以促进孩子的肌肉发育，同时还可以增强孩子的语言表达能力。

No44 海绵染色游戏

海绵不仅摸起来很柔软，而且具有吸水的特性，是很好的游戏道具。我们可以将海绵浸泡在色素稀释液中，向孩子展示海绵吸水以及被染色的过程。然后再将海绵中的水挤出去，给孩子们解释可逆性的原理。

游戏年龄：2~4岁

准备材料

海绵、食用色素、塑料布、盆两个

游戏效果

- 通过海绵吸水的过程了解重量的概念。
- 通过海绵被染色的过程感受颜色的变化。

孩子的游戏反应

虽然大人们常对孩子说要变成海绵一样的人，但是孩子却并不理解大人的用意。如果孩子目睹了海绵吸水的过程，就总有一天会明白其中的含义吧。

游戏准备

在两个盆中都倒入水，然后在其中一个盆里加入色素。当然为了方便孩子们做游戏，也要铺上塑料布。

游戏 -1 感受海绵

准备结束后，将海绵交给孩子们。让孩子们用手感受一下海绵柔软的感觉，并让他们仔细观察海绵上面的小细孔。

游戏 -2 了解海绵的重量

将海绵放入水中，让孩子知道海绵没吸水的时候很轻，所以会浮在水面上。

游戏 -3 吸水海绵

将海绵浸入装有色素稀释液的水中。随着水分的吸收，海绵会越来越重。让孩子观察海绵吸收水或者色素稀释液的过程。

游戏 -4 海绵染色

将海绵中的水挤出去，进一步让孩子了解海绵吸水的特性。这样反复浸泡挤压后，就可以看到海绵已经被染上了漂亮的颜色。

游戏之后孩子的改变

让孩子们仔细观察海绵浸泡吸水、挤压失水的过程。所以，仅仅用一块海绵，也可以做出很多有趣的游戏。

No45 颜料清扫游戏

孩子们可以做的身体游戏有很多。生活中的大部分活动都可以转化为游戏，只不过妈妈们没有意识到罢了。因为我们通常认为游戏需要很多道具，但其实不然。比如这个游戏，只要有颜料一种道具，就可以丰富多彩。需要注意的是，在孩子们尽情地玩耍后，妈妈们要尽量让他们自己整理，这样有助于他们养成良好的习惯。

游戏年龄：5~7岁

准备材料

手绢、颜料（儿童用无毒性颜料）、塑料布、透明胶带

游戏效果

- 培养孩子的清扫习惯。
- 培养孩子的注意力。

孩子的游戏反应

孩子们可以直接用手触摸颜料，并随心所欲地配色与画画，玩得十分高兴。

游戏准备

把塑料布铺到地上，并用透明胶带将周边贴好，然后将颜料挤在塑料布上，而且不同颜色的颜料要挤在不同的地方。

游戏 -1　颜料混合游戏

让孩子用手将各种颜色的颜料混合在一起。

游戏 -2　猜颜色游戏

“白色和蓝色混合起来是什么颜色啊”，妈妈可以问孩子类似这样的问题。孩子们可能并不知道答案，但妈妈可以指着混合出来的颜色，告诉孩子“看，变成浅浅的蓝色了”。这样做，更有助于加深孩子对颜色的理解。也可以让孩子用手尝试着混合多种颜色。

游戏 -3　用手绢擦颜料

将准备好的手绢对折，再用其将塑料布上的颜料擦拭掉。孩子们看到后一定会惊奇地说："哇，图案竟然消失了！"

游戏 -4　清扫游戏

可以用手擦，也可以用脚擦。孩子们可以看到图案像变魔术一样地消失了。

游戏之后孩子的改变

颜料游戏可以让孩子尽情发挥，所以有助于情感的培养。而且孩子可以用颜料混合出多种颜色，万一不是自己想要的，也可以用手绢擦掉重来。此外，这个游戏还有助于孩子养成整理的好习惯。

No46 淀粉触感游戏

面粉、淀粉、面包屑都是很容易找到的游戏材料。因为它们的触感和性质不同，所以用途也不同。之前我们已经做过面粉游戏，虽然淀粉与面粉有几分相似，但还是稍有区别。淀粉溶解在水中和沉下去以后的感觉是不同的，这对开发孩子的视觉和触觉都很有帮助。

游戏年龄：2~4岁

准备材料

淀粉、塑料布、塑料盆、水、食用色素（颜料）

游戏效果

- 了解淀粉的特征。
- 了解淀粉凝固后的触感。

孩子的游戏反应

孩子很喜欢淀粉的感觉。对于孩子来说，淀粉有着与众不同的魅力。淀粉游戏能够让孩子看到粉末遇水凝固的样子。

游戏准备

将塑料布铺在地板上，然后在塑料盆中倒入淀粉。适量即可，不要放入过多。

游戏 -1　了解淀粉的触感

将手放入淀粉中，然后握紧，淀粉就会发出吱吱的声音。

游戏 -2　溶解淀粉

充分感受到淀粉的触感后，就可以往里面倒水了。这样，孩子们可以感受到淀粉的另一种感觉。

游戏 -3　加入食用色素

混入食用色素后，观察淀粉的颜色变化；然后用手将淀粉水抓起来，看其像雨水一样下落的样子；再过一段时间，淀粉便会凝固，凝固后给人的感觉又会不同。

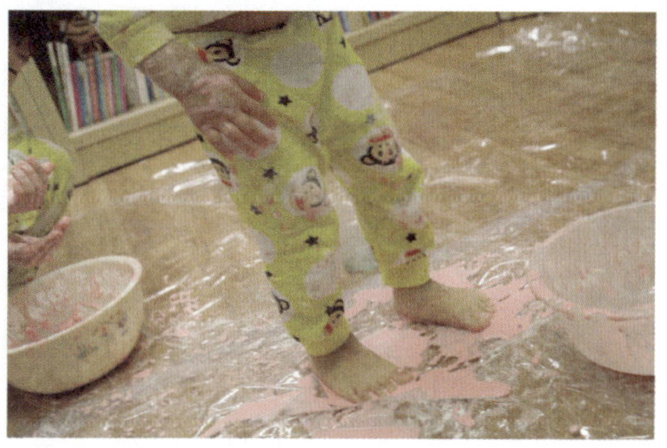

游戏 -4　用脚掌感受淀粉

将淀粉水泼到塑料布上，然后让孩子用脚掌体会淀粉的感觉。

游戏之后孩子的改变

孩子认为淀粉凝固的过程很神奇，所以才会说出“噢，妈妈，水有些奇怪”这样的话。孩子眼看着淀粉在用手搅拌之后稀释，过一段时间不管的话，淀粉水又再次凝固，直叹道“简直像魔术一样”。

No47 彩纸枫叶游戏

秋天离不开色彩斑斓的枫叶，枫叶就像小孩子的手一样漂亮。因此，我决定和孩子一起在家“种枫树”。看着满树的“枫叶”，心情也仿佛在秋游一般。

游戏年龄：2~4岁

准备材料

白纸、彩笔、彩纸、胶水、剪刀、胶带

游戏效果

- 再现秋天枫叶的美景。
- 剪纸可以锻炼孩子的手部肌肉。

孩子的游戏反应

枫叶游戏最大的好处就是孩子在剪纸和贴纸的过程中，能够促进其手部肌肉发育。而且孩子动手画枫叶、剪枫叶还能够提高注意力。

游戏准备

将白纸贴在客厅的墙上，然后用彩笔在上面画出枫树的样子。

1 将手放在彩纸上面，然后用彩笔描绘手的形状。用不同颜色的纸各画几个。

2 用剪刀小心地将枫叶剪下来。如果孩子太小，最好使用文具店中出售的安全剪刀。

3 将各种颜色的枫叶叠在一起做颜色搭配游戏，或者也可以给小手一样的枫叶画上指甲。

4 在枫叶上涂上胶水，然后将枫叶贴到枫树上。妈妈不要干涉，让孩子们尽情、随意地贴。

游戏之后孩子的改变

孩子们剪出枫叶后，让他们比较彼此的枫叶大小，这样能够让他们自然地明白大小的概念。此外，在贴枫叶的过程中，妈妈也可以看出孩子们的不同个性来。

No48 吸管吹泡泡游戏

吹泡泡是孩子们最喜欢的游戏之一。现在市面上卖的吹泡泡机大多都是能够自动喷射的，这样一来孩子们只能在旁观看而已。而实际上让孩子们自己来吹，才更有意思。孩子们吹出泡泡后，还可以用手将泡泡戳碎，有很多乐趣。

游戏年龄：5~7岁

准备材料

吸管、塑料布、肥皂水、各种泡泡机

游戏效果

- 增加孩子的好奇心。
- 在抓泡泡的过程中，促进孩子的身体协调能力。
- 吹泡泡可以锻炼孩子的嘴部肌肉。

孩子的游戏反应

虽然吹泡泡看起来很简单，但好处却很多。吹泡泡可以锻炼孩子的呼吸调节能力，抓泡泡又可以锻炼孩子的手部肌肉。此外，不同形状的泡泡，还可以让孩子明白事物的多样性。

游戏准备

将塑料布提前铺在地板上。

游戏 -1 用泡泡机吹泡泡

如果有泡泡机，可以先让孩子们用泡泡机吹泡泡。

游戏 -2 用简易泡泡机吹泡泡

如果家里有简易泡泡机，可以先让孩子试着用嘴吹吹看。

★做游戏时，注意一定不要让孩子喝到肥皂水。

游戏 -3 用吸管吹泡泡

用剪刀斜着将吸嘴处剪掉一半，然后蘸少量肥皂水就可以吹了。孩子们可以边吹泡泡，边抓泡泡。

游戏之后孩子的改变

早教中心的课程中也经常会有吹泡泡这一项。孩子们一边吹泡泡，一边追着泡泡玩，玩得不亦乐乎。而且这样的游戏也可以增强孩子的好奇心。

No.49 大米煮饭游戏

任何一粒米在端上饭桌之前，都经历了相当长的培育时间。但是孩子们并不了解农民伯伯们的辛苦，所以吃饭时常常会剩下一两口，或者掉出来一两粒饭。而坏习惯一旦养成就很难改掉。因此，我们家最近开始进行“光盘运动”，但在执行之前，最重要的还是要让孩子们了解米的珍贵。所以我和孩子们一起做了煮饭游戏。

游戏年龄：5~7岁

准备材料

米、黑豆、水、电饭锅、塑料布

游戏效果

- 锻炼孩子的手部肌肉。
- 让孩子了解煮米饭的整个过程。

孩子的游戏反应

现在的孩子因为每天吃很多零食，所以并不重视或者不喜欢吃正餐，因而他们也并不知道饭的珍贵。煮饭游戏能够让他们了解做饭的过程，进而对吃饭产生兴趣。

游戏准备

准备好大米和豆子，在地板上铺上塑料布。

游戏 -1 数数游戏和触感游戏

让孩子们用杯子把大米盛放到盘子里，并且“一杯、两杯”这样地记数。然后再用手感受一下大米的触感。也可以让孩子们拿起一把米撒出去看看。

游戏 -2 挑豆子游戏

将黑豆放入米中后，让孩子们把豆子挑出来。还可以让孩子们用黑豆在米上面拼字，这样也能锻炼他们的手部肌肉。

游戏 -3 煮饭游戏

让孩子们自己来煮饭。先放水淘米，淘好后在锅中倒入适量水，最后按下煮饭的按钮即可。因为是自己煮的饭，所以孩子们会吃得更香。

游戏 -4 夹豆子游戏

夹豆子是学习使用筷子的途径之一。让孩子们比一比看谁夹的豆子最多，这样既可以锻炼孩子们的手部肌肉，又可以使他们快速学会使用筷子。

游戏之后孩子的改变

学会煮饭是一件值得孩子们骄傲的事情，而且在他们看来自己煮的饭要比妈妈煮的更香。这个游戏能够让孩子们学会珍惜粮食。

No.50 海绵盖章游戏

颜料游戏有很多种，在这里，我们要做一种新游戏。使用的主要工具就是海绵。用海绵蘸上颜料能够画出各种各样的图案，感觉会很不错。还可以将海绵裁剪成孩子们喜欢的形状，这样使用起来更方便。

游戏年龄：2~4岁

准备材料

白纸、颜料、海绵、软蜡笔

游戏效果

- 能够起到减压的作用。
- 能够丰富孩子的想象力。

孩子的游戏反应

用海绵画出的图案要比用画笔画出的更奇特，所以孩子们玩的时候会很开心。先用海绵画出基本形状，然后再用软蜡笔收尾，一幅具有特色的作品就诞生了。

游戏准备

购买各种形状的海绵体，或者将家中的海绵剪成各种形状。

游戏 -1 海绵盖章游戏

用海绵蘸取少量颜料，然后像盖章一样盖在白纸上。这样一幅色彩斑斓的图案就出现了。颜色越多，图案就会越丰富。

游戏 -2 海绵绘画游戏

用海绵蘸取多种颜色后在白纸上作画，比如画星星、月亮、太阳等。

游戏 -3 将图案具体化

用软蜡笔将用海绵画出的花纹与图案具体化。一边画，一边对话，这样有助于培养孩子们的想象力。

游戏 -4 盖章游戏

市面上可以购买到很多卡通图章，我们可以利用这些图章来和孩子做游戏。

 **游戏之后孩子的改变**

我看到孩子们在用三角形的海绵作画，便问他们“这是什么啊”，孩子们答道“妈妈，这是圣诞树！”接着他们还用软蜡笔在上面加入了各式各样的装饰物。就像这样，妈妈们可以通过对话了解孩子们的想法。

No51 蜘蛛游戏

蜘蛛是一种比较特别的动物，它不仅有着多条腿的奇特外形，还能吐丝、织出漂亮的网来。所以我开始构思与蜘蛛有关的游戏。孩子们可以通过游戏了解蜘蛛的特性。

游戏年龄：5~7岁

准备材料

垫子、黑色塑料袋、线、夹子

游戏效果

- 让孩子了解蜘蛛的特性。
- 孩子可以做身体游戏和角色扮演游戏。

孩子的游戏反应

这个游戏让孩子们对蜘蛛更感兴趣了。有一次我们去乡下，孩子们一看到蜘蛛，便开心得大叫“哇，是蜘蛛”，这让我切身体会到了游戏带来的学习效果。

游戏准备

将线轴放入黑色塑料袋中，然后在袋子上开个小洞，再把线从这个小洞中穿出来。

1 将放好线轴的塑料袋夹在孩子的裤子后面。如果有垫子的话，可以将垫子竖起来，给孩子制造一个游戏空间。

2 首先将塑料袋中的线固定在桌角处，然后从这里出发开始织网。

3 线被固定好后，孩子们就可以在垫子间来回跑动了。这样蜘蛛网就会在孩子们跑动时织好了。

4 反过来让孩子们回收蜘蛛网，沿着垫子将线一圈一圈收回来。

游戏之后孩子的改变

孩子们看到自然科学课本上的蜘蛛网后感到很神奇，所以便让我给他们讲解。但无论我怎么讲解，他们都无法完全理解。而做了蜘蛛游戏后，他们便很容易地明白了蜘蛛织网的整个过程。

No52 黏土游戏

如今，公园的地面基本都是用再生材料铺设的，所以孩子们很难接触到土壤。而黏土游戏对于各年龄段的孩子来说，都十分有益处。小一点的孩子可以简单地摸一摸，感受一下，年龄大一点的孩子则可以用黏土捏制各种东西，比如小动物等。那么，现在就去文具店购买黏土，再和孩子们一起尽情游戏吧。

游戏年龄：2~4岁

准备材料

塑料布、黏土、过家家游戏工具、塑料

游戏效果

- 黏土柔软的触感能够稳定孩子的情绪。
- 黏土制作有助于丰富孩子的想象力。

孩子的游戏反应

生活在城市中的孩子很难接触到黏土。实际上，孩子们很喜欢揉黏土，也很喜欢用黏土捏制一些小东西。做不好也可以重来的特性，让孩子们对其尤为热衷。

游戏准备

在地板上铺上塑料布，再用塑料将黏土包起来，以防止其变硬。

游戏 -1 感受黏土

让孩子用脚踩在包好的黏土上，感受黏土的感觉。然后用手揉搓黏土，将黏土捏成片状。

游戏 -2 切黏土

拿出黏土后，用过家家的小工具将其切开。当然也可以直接用手将其撕开，这样可以更好地感受黏土的触感。

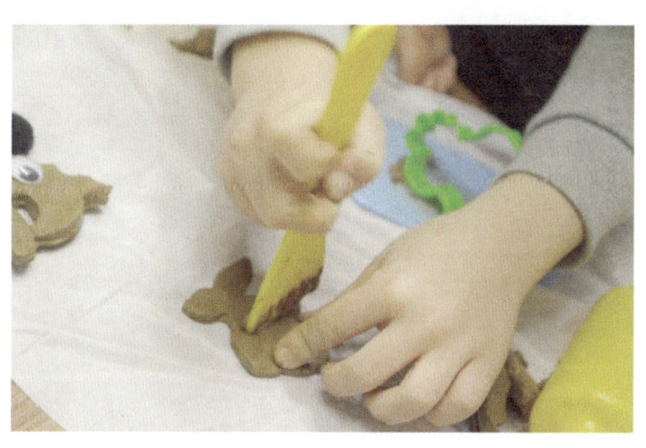

游戏 -3 用模具刻图案

把模具放在黏土上刻出不同的形状与图案，还可以用手制作蛋糕、虫子等。

游戏 -4 装饰画

用模具做出鱼的样子后，将其贴在写生画上。然后再用软蜡笔画出水中的风景，从而让画更具立体感。

游戏之后孩子的改变

玩具店里和网上出售的玩具各式各样，但大部分都是由塑料制成的，限制了孩子触觉的发育。而黏土不仅价格低廉，对孩子的发育也很有好处。此外，黏土的塑形能力极强，因而十分受孩子欢迎。

No53 报纸迈步游戏

“我的脚有多大?” “弟弟的脚有多大? ”像这样量化的问题，很难用语言给孩子解释清楚。当然我们可以让孩子们直接比大小，但脚印游戏相对来讲更加直观。而且只要有报纸、油性笔以及孩子们喜欢的零食便可以开始游戏。

游戏年龄：2~4岁

准备材料

报纸、剪刀、油性笔、零食

游戏效果

- 培养孩子的注意力。
- 培养孩子的身体协调能力。

孩子的游戏反应

通过游戏赢取零食会让孩子们更开心，而且还可以促进孩子们身体协调能力的发育，可谓“一石二鸟”。

游戏准备

将报纸对折之后再对折。

游戏 -1 比较脚印大小

将脚放在报纸上，然后用油性笔沿着脚的边缘画出脚印。如果孩子太小，这一步可以由妈妈来做。然后让孩子们自己比较脚印的大小。最后大儿子惊讶地说："哇，妈妈的最大，弟弟的最小呢。"

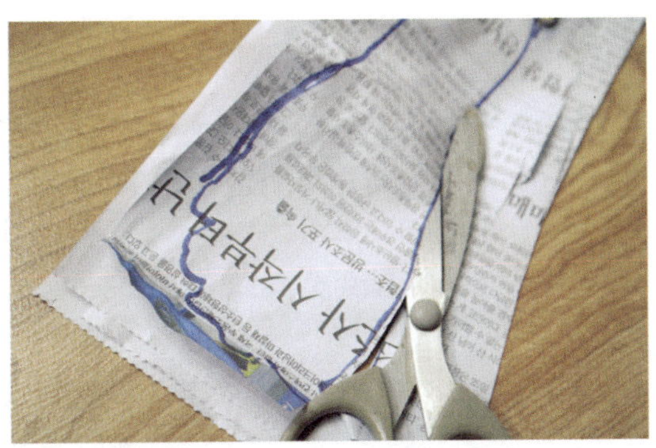

游戏 -2 剪脚印

用剪刀将脚印从对折过的报纸上剪下来。

游戏 -3 将脚印贴在地板上

将剪好的报纸打开，就可以得到一张张的脚印。然后将脚印贴在地板上。孩子们可以利用这些脚印办一场竞走比赛，也可以做隔一步一跳的游戏。最终在游戏中获胜的人就可以得到零食。

游戏 -4 撕报纸游戏

用报纸可以做很多种游戏。最简单的一种就是一个人拽紧报纸，然后另一人用手指戳破报纸。这样的游戏可以帮助孩子减压。

游戏之后孩子的改变

虽然孩子们总是打打闹闹，但在做这个游戏的过程中却尽显合作精神。孩子们不仅互相帮着画脚印，竞走时也会互相搀扶。这样的合作可以让孩子养成替他人着想的好习惯。

No54 塑料超人游戏

看动漫有助于培养孩子的想象力。但我们不要只限于看，其实完全可以尝试着让孩子扮演其中的角色。只要有几种简单的道具，就可以让孩子玩得不亦乐乎。下面我们就用塑料布和衣服夹子，来把孩子们打造成超人和闪电侠吧！

游戏年龄：2~4岁

准备材料

衣服夹子、塑料布、油性蜡笔（软蜡笔）、教学用具

游戏效果

- 利用简单的道具完成角色扮演。
- 运动有助于孩子的身体发育。

孩子的游戏反应

对于孩子们来说，超人不只是英雄那么简单，他们都有一个超人梦。做超人游戏时，妈妈可以了解孩子的想法，比如以后想要当什么样的人，做什么样的工作，帮助什么样的人等。

游戏准备

准备好油性蜡笔（软蜡笔）以及一张大塑料布。

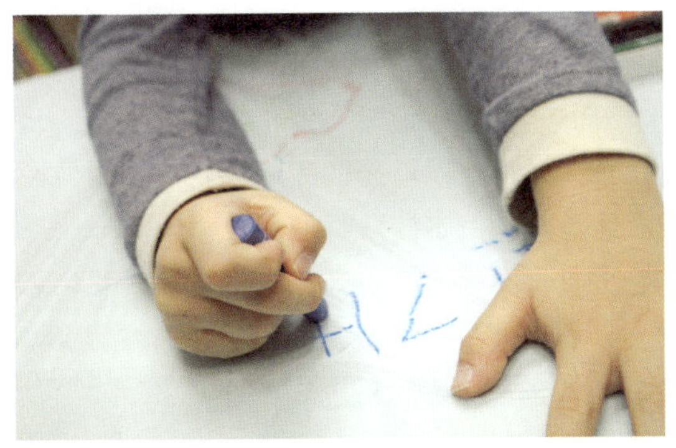

游戏 -1 在塑料布上画画

让孩子在塑料布上随心所欲地写写画画。但一定要让孩子们小心，不要弄破塑料布。

游戏 -2 制作刀和盾牌

利用其他材料制作刀和盾牌。

游戏 -3 超人游戏

在塑料布的两端放上夹子，然后夹在孩子们的衣服前面，这样孩子们就变身为超人了。一起拿起刀和盾牌作战吧！

游戏 -4 比比谁做得更好

让孩子们模仿超人或者闪电侠，急速快跑或者从沙发上跳上跳下。

 **游戏之后孩子的改变**

超人和闪电侠能救人于水火，孩子们也想通过游戏变身为乐善好施的超人或闪电侠。虽然使用的道具很便宜，但却能起到影响孩子的性格与发育的重要作用。

No55 水壶倒水游戏

孩子的身体和肌肉得到一定发育后，就可以做一些以前无法完成的游戏了。但在做这些高难度游戏之前，需要做一些准备游戏，倒水游戏就是其中之一。一般来说，因为怕孩子倒不好水，所以这件事平时基本都由妈妈来做。但将其游戏化之后，也可以尝试着让孩子自己做。

游戏年龄：5~7岁

准备材料

水壶、颜料、水杯、签字笔

游戏效果

- 培养孩子的手眼协调能力。
- 促进孩子的手部肌肉发育。

孩子的游戏反应

孩子们做事时很难精神集中，但如果遇到自己感兴趣的东西，他们便会一反常态。倒水游戏就是这样一种有趣的游戏。此外，它还可以促进孩子手部肌肉的发育。

游戏准备

准备一个较轻的玩具水壶。因为我家的水壶没有壶嘴，所以我用烧红的铁钉在上面烫出了一个洞。

游戏 -1 往杯中倒水

让孩子将一个杯子里的水倒入另一个杯子中。妈妈可以给孩子做示范。

游戏 -2 倒有色水

将颜料混入水中，在每个杯中加入不同的颜色，尽量让颜色多样一些。准备几个小杯子，让孩子们小心地将大杯中的水倒入小杯中。

游戏 -3 用水壶倒水

将有色水加入水壶中，然后让孩子把水壶中的水倒入杯子中。倒好后，再将杯中的水倒回水壶中。之后重复以上动作。

游戏 -4 沿着刻度倒水

用签字笔在水杯上做好刻度标记，然后让孩子沿着刻度倒水，这样做能让孩子更加精神集中。此外，让孩子边倒水，边计算杯数，还可以使他们了解数字的概念。

 **游戏之后孩子的改变**

无论什么事，孩子们都想自己试试。所以看到妈妈倒牛奶，也会嚷着要自己来。但真的让他们来做，又总是做不好，反倒给妈妈添麻烦。然而我们又不能因此就阻止他们，因为这样的锻炼至少有助于孩子们精神集中。况且只要多加练习，孩子们便能够学会。

实际上，从孩子拿起笔的那一刻起，美术游戏就已经开始了。美术游戏有助于孩子认知能力的发育。如今美术游戏种类繁多，并不仅仅限于在画板上进行。作为妈妈，如果你曾经不太敢尝试美术游戏的话，不妨通过这部分的学习，进一步熟悉美术游戏的概念，以便开发出适合自己孩子的游戏。

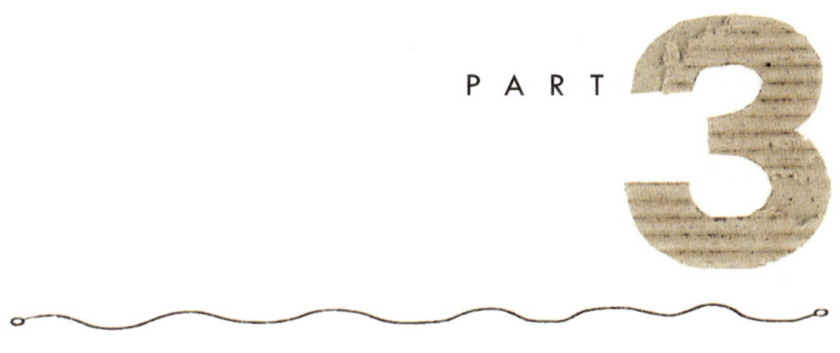

PART 3

和妈妈一起做的美术游戏

No56 抽线绘画

说到棉线，基本上家家户户都有。但你知道可以用棉线作画吗？其实我们只需先将棉线蘸上颜料，然后将其抽动就可以绘制出独特的图案了。其方法非常简单，不妨让孩子们也尝试一下。

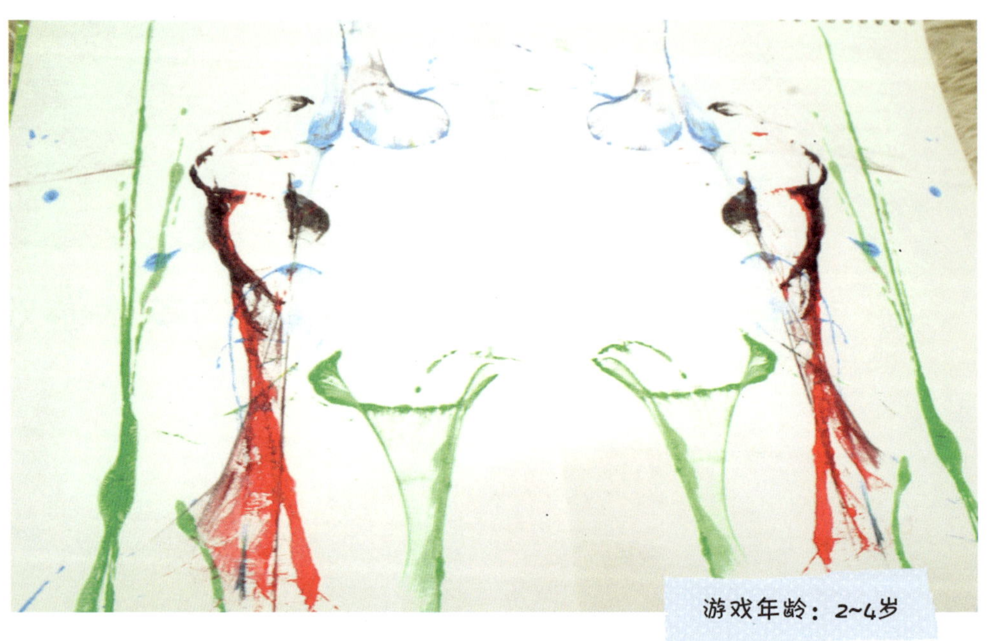

游戏年龄：2~4岁

准备材料

棉线、画纸、颜料

游戏效果

- 培养孩子的注意力。
- 抽线的动作可以促进孩子手部肌肉的发育。

孩子的游戏反应

将蘸有颜料的棉线放在画纸上，然后抽动棉线，一幅画就逐渐呈现在我们眼前了。孩子们对此会感到十分神奇。

游戏准备

将画纸对折，然后将棉线剪至 10 厘米左右，并将颜料挤在调色盘上。

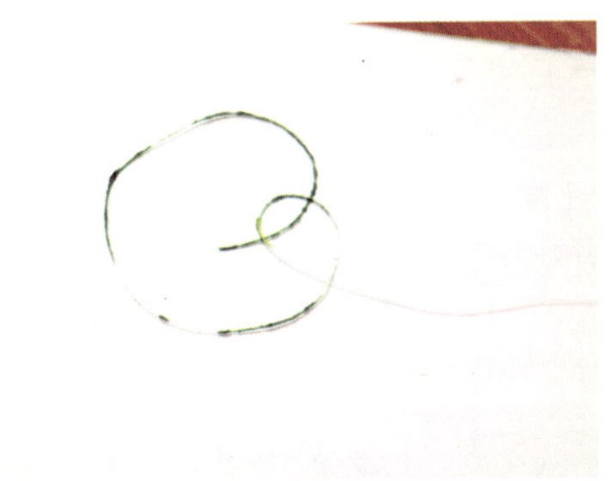

1 先用蘸有颜料的棉线在画纸上摆出图案，然后将画纸对折。

★棉线的一端要露在画纸外面。

2 按住对折后的画纸，然后拽住露在外面的线头往外抽。

3 打开画纸之后，就可以看出棉线移动的痕迹。由于画纸是对折的，所以两面的痕迹应该是对称的。

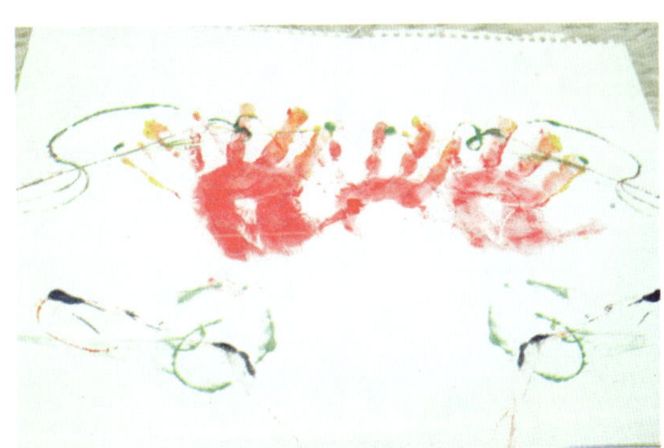

4 剩余的颜料可以用来印手印。

游戏之后孩子的改变

最初孩子们并没有什么特别的反应，但当看到棉线留下的痕迹后却兴致大增。而且孩子们利用棉线的能力会完全超出妈妈的想象。

No57 晕染画

颜料遇水就会晕开，而且随着水量的不同，晕开的样子和形态也会不同，这是一个很有趣的现象。我们可以让孩子利用水性签字笔和颜料来模拟晕染画。

游戏年龄：5~7岁

准备材料

画笔、水、写生本、水性签字笔

游戏效果

- 让孩子学会颜料晕染。
- 观察晕染的过程可以促进孩子视觉的发育。

孩子的游戏反应

孩子看到颜料晕开的样子后，便会马上产生兴趣。所以就算妈妈不说，孩子也会自己尝试。晕染游戏能够教会孩子多种表现方法。

游戏准备

用准备好的签字笔在写生本上画画。

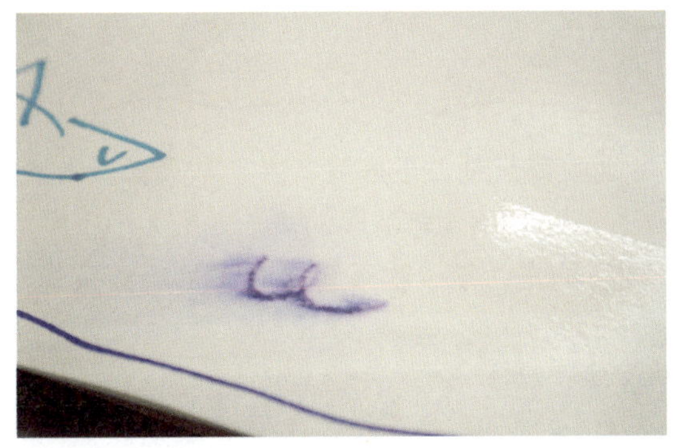

游戏 -1 在写生本上刷水

用画笔蘸水，然后刷在刚才的画上。让孩子观察画晕开的过程。

游戏 -2 抖落颜料

先将颜料挤在调色盘上，然后用画笔蘸取颜料。用东西敲击画笔使颜料自然抖落在画纸上。一幅画作就这样完成了。

游戏 -3 观看晕染效果

水性签字笔晕染的效果与抖落在纸上的颜料相得益彰。

游戏 -4 用多种方法抖落颜料

只用画笔来抖，颜料的方向和大小都会比较单一。所以我们还可以使用牙刷等其他工具，这样效果会更好。

 **游戏之后孩子的改变**

我的孩子曾经被颜料遇水晕开的样子吓哭，但是像这样通过游戏仔细说明后，他们不仅不害怕了，而且还能把颜料晕染后的样子作为画作来欣赏。

No58 吸管吹画

有一天我看到孩子拿着吸管“呼呼呼”地吹得起劲，于是就产生了拿吸管做游戏道具的想法。其实吸管也可以用来作画，只不过不同年龄段的孩子力量大小不同，所以要适当调节游戏难度。需要特别注意的是，孩子吹吸管的时候可能会头晕，所以吹一两下就要休息一会儿。

游戏年龄：5~7岁

准备材料

颜料、白纸、吸管、棉签

游戏效果

- 让孩子学会绘制简单的水墨画。
- 让孩子自己探索颜料移动的规律。

孩子的游戏反应

技法高深的水墨画，平时我们多半只能在电视或者画册中看到。但其实孩子们也可以成为水墨画家，而且方法很简单。孩子们吹起来别提有多认真了，要不然也不会说“妈妈，我头晕”了。

游戏准备

饮料店或者超市中的吸管都可以。但比起细的吸管来说，粗的吸管更适合这个游戏。

1 在客厅里铺上一张大白纸。用水将黑色颜料稀释，然后倒在白纸上。利用吸管朝不同方向“呼呼”地吹动颜料，颜料便会逐渐散开。

2 孩子可以变换方向吹。

3 将蓝色、红色、黄色颜料挤在调色盘上，然后用棉签蘸着颜料在纸上画花。

4 画好后加上落款。这样，一幅灵动的水墨画就完成了。

★如果孩子还太小，不会吹吸管或者力量太小，也可以让孩子用吸管蘸着颜料来绘画。因为吸管与画笔的感觉不同，孩子也能从中获得乐趣。

游戏之后孩子的改变

这个游戏虽然简单，但游戏效果却非常好。因为绘画的时候可以操控颜料散开的方向，所以孩子们会像玩赛车游戏一样互相争着吹。但当弟弟没有力气了的时候，哥哥也会从一旁帮忙，这样就使游戏变得更加有意思、有意义。

No59 滴管晕染

餐巾纸和卫生纸都有吸水的特性。但这种特性很难用语言说明清楚，所以最好通过颜料向孩子演示一下卫生纸是如何吸水的。利用这一特性，还可以绘制出漂亮的图案。

游戏年龄：5~7岁

准备材料

餐巾纸、滴管、颜料、水性签字笔、写生本、透明胶带、油

游戏效果

- 孩子看到了水被纸吸收的过程。
- 通过使用滴管，孩子学会了调节手部力量。

孩子的游戏反应

很多孩子都是第一次看到滴管，所以可能不懂怎么使用。但只要妈妈简单示范一下，孩子就能学会。当孩子看到颜料稀释液被滴管吸进、滴出的样子时，一定会觉得无比神奇。

游戏准备

将颜料倒入容器中，然后用水稀释，再将滴管放入稀释液中。

游戏 -1 在写生本上绘画

将餐巾纸用透明胶带贴在写生本上，然后让孩子用水性签字笔在上面画画。

游戏 -2 滴管滴液

用滴管吸取少量颜料稀释液，然后滴在画上。教会孩子如何用滴管吸取、滴出溶液。

游戏 -3 在其他部分滴液

在画之外的部分也可以滴几滴颜料稀释液，滴液会在餐巾纸上晕开。和孩子一起观察滴液晕开的过程。

游戏 -4 演示油不溶于水的性质

先用滴管吸取油在写生本上画一遍，然后再用水性颜料在上面涂一遍，这时就会出现油不能溶于水的现象。孩子可以通过这一现象明白油不溶于水的道理。

游戏之后孩子的改变

最初孩子们一定会误以为使用滴管很简单，但真的用起来就会发现其实滴多少很难掌控。所以一定需要妈妈手把手地教，并反复练习。这样，画画时才能掌控好颜料稀释液的用量，画出漂亮的图案。

No60 海绵拓印

拓印需要先将模板附在纸上，然后再染色拓出图案。有很多地方需要用到拓印，而我们也可以将拓印开发成游戏。拓印游戏很简单，只需要孩子用海绵按照模板形状染色即可。虽然简单，却十分有意思。

游戏年龄：2~4岁

准备材料

写生本、颜料、海绵、厚纸板（可以使用空箱子）、调色盘

游戏效果

- 增加孩子的手部力量。
- 培养孩子的注意力。

孩子的游戏反应

拓印游戏需要孩子精神集中，因为只有这样才能拓印好图案。而且还要用手固定好模板，防止其移动。

游戏准备

将多种颜料挤在调色板上。准备好空箱子或者硬纸板，比照着东西用铅笔在上面画出图形。

1 用剪刀将图形剪下来。稍大的图形可以分开剪，然后再用胶带把它们拼接起来。

2 将海绵的一部分浸泡在水中，拿出后再蘸取少量颜料。

3 将模板放在写生本上，然后用海绵沿着模板将颜色涂满。需要注意的是，一定要固定好模板。

4 用同样的方法多拓印几种图案。拓印是一种非常精细的工艺，所以有助于培养孩子的注意力。

游戏之后孩子的改变

孩子做得最多的美术游戏就是染色。但如果孩子已经厌倦了染色，也可以让他们尝试一下拓印。

No.61 气泡薄膜印章

快递包装箱中总会有很多气泡薄膜，我们一般都会拿来捏着玩。但其实气泡薄膜也可以用来做美术游戏。利用气泡薄膜的自身特点可以将其制成印章，不仅形态多样，而且十分有意思。当然在游戏过程中，也可以拿一些气泡薄膜让孩子捏着玩。

游戏年龄：2~4岁

准备材料

纸杯、透明胶带、气泡薄膜、颜料、写生本、彩笔

游戏效果

- 印章形态多样有助于培养孩子的创意力。
- 可以让孩子了解气泡薄膜的特殊触感。

孩子的游戏反应

利用一种东西做出两种以上的游戏，更有趣，也更有意义。

游戏准备

准备一个纸杯，然后剪一块略大于纸杯的气泡薄膜。

游戏 -1 固定气泡薄膜

将气泡薄膜裹在纸杯上，四周拉紧，再用胶带将其固定住。

游戏 -2 画恐龙

用彩笔在写生本上画画，可以参照一些孩子喜欢的玩具。我家孩子比较喜欢恐龙，所以就画了恐龙。

游戏 -3 指导孩子自己画画

在游戏过程中，我的大儿子由于没能按照他的预想画出恐龙的样子而急哭了。即使这样，我也只给了他一点帮助，并没有替他画。

游戏 -4 染色盖章

用气泡薄膜蘸取适量颜料，然后在写生本上盖章。盖多少由孩子来决定。

游戏之后孩子的改变

气泡薄膜虽然是一种再简单不过的道具，但却能够用来做很多游戏。以前我们只是让孩子捏着玩，但其实还可以用来盖章。而且孩子自己也能开发出很多新游戏。

No62 印花记忆力测试

孩子比大人的记忆力更好，不仅记东西快、注意力集中，而且想象力丰富。使用颜料和画纸就可以简单地对记忆力和创意力做个测试。那么，现在就开始吧！

游戏年龄：2~7岁

准备材料

画纸、颜料、剪刀、药瓶

游戏效果

- 让孩子学会印花工艺。
- 考察孩子的记忆力。

孩子的游戏反应

目前市面上有很多可以测试记忆力或者提高记忆力的纸牌游戏，但孩子更喜欢自己制作的记忆力测试纸牌。不仅制作过程很有意思，而且还有助于提高孩子的记忆力、注集力，可谓事半功倍。

游戏准备

将 A4 纸对折两次，4 等分，然后将其从中剪开，分成两张。

游戏 -1 在纸的一面挤上颜料

准备几个药瓶，一个瓶中装一种颜料。然后在纸的一边挤上孩子喜欢的颜料，图案可以随意绘制。

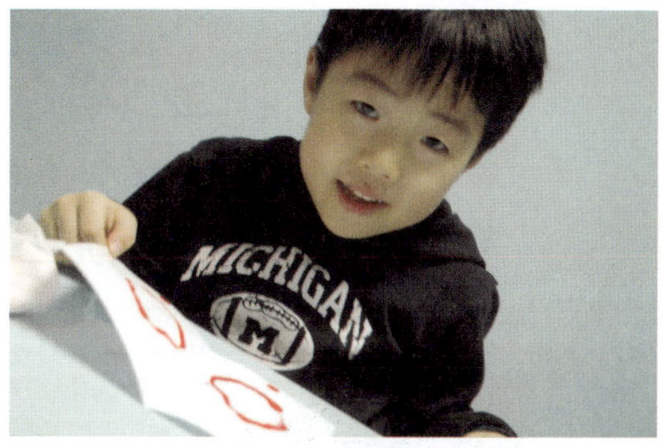

游戏 -2 折纸印花

将纸对折，用力按两下，打开后就会出现两个完全相同的图案。

游戏 -3 丰富图案

用同样的方法，制作出不同颜色的图案。

游戏 -4 记忆力测试游戏

沿着对折线将画纸从中剪开，然后把图案混在一起，让孩子凭着记忆力给图案配对。

游戏之后孩子的改变

印花是最常见的美术技法之一。不要让孩子只是一味地做印花游戏，也可以尝试着用印好的图案来做配对游戏，这样会更有意思。

No63 酸奶瓶印章

盖章是孩子们喜欢的游戏之一，我家就几乎没有没被盖过章的地方。然而总玩一种印章，孩子们很快就会感到厌烦。考虑到市面上印章的价格，于是我决定和孩子们一起来亲手制作。

游戏年龄：2~4岁

准备材料

酸奶瓶、胶枪、绒线铁丝、写生本、颜料、吸管、调色盘

游戏效果

- 有助于丰富孩子的想象力。
- 能促进孩子的手眼协调能力。

孩子的游戏反应

因为绒线铁丝可以折成各种形状，所以在盖章过程中如果对盖出来的图形不满意，便可以马上更改。

游戏准备

将空酸奶瓶洗净晾干。

游戏 -1 用胶枪将绒线铁丝固定在酸奶瓶上

先用绒线铁丝折出喜欢的图形，然后用胶枪将折好的绒线铁丝固定在酸奶瓶瓶底。

游戏 -2 蘸取颜料

将颜料挤在调色盘上，然后用做好的印章蘸取适量颜料。

游戏 -3 在写生本上盖章

在准备好的写生本上盖章。然后让孩子开动脑筋，试着用多个印章拼出新的图案。可以穿插使用不同图案和颜色的印章。

游戏 -4 用其他东西盖章

使用的东西不同，盖出的图形也会不同。除绒线铁丝外，粗吸管也可以用来制作印章。

游戏之后孩子的改变

制作印章，对于孩子们来说是一件神奇的事情。而且亲自设计图案和花纹会让游戏变得更加有趣，也更有助于增强孩子的自信。

No64 彩纸拼图

妈妈们通常认为，孩子们畏惧美术游戏的原因只是因为害怕画不好画。其实妈妈们不知道，对于孩子们来说，不仅是画出图案，给画上色同样也是一个不小的挑战。所以我们何不用彩纸让孩子们直接拼图呢？而且用纸拼图的效果也并不像我们想象的那样糟糕。

游戏年龄：5~7岁

准备材料

彩纸、写生本、彩笔、胶棒

游戏效果

- 拼图可以锻炼孩子独立思考的能力。
- 手部活动有助于孩子左右脑的发育。

孩子的游戏反应

用手撕纸不仅能够增加孩子的手部力量，还有助于促进其手部肌肉的发育。比起用剪刀剪纸，孩子们似乎更喜欢用手撕纸。而且用彩纸拼出来的图案也很漂亮。

游戏准备

让孩子们用彩笔在写生本上画出拼图的背景。

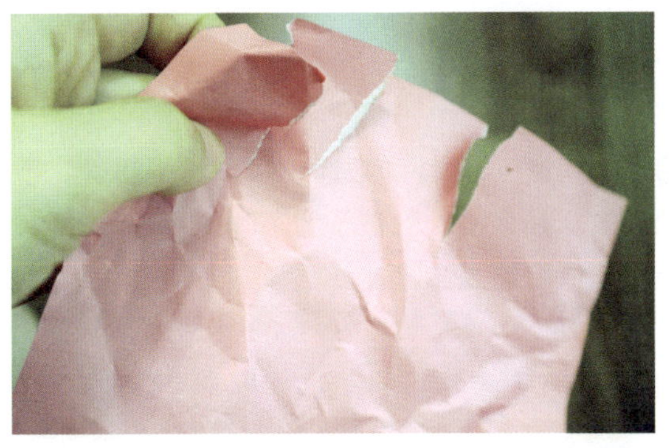

1 如果孩子太小，妈妈也可以在旁提供帮助。例如先把纸撕几个口，以方便孩子进一步撕纸拼图。

2 将纸撕好后，用胶棒将纸片仔细地贴在背景图上。

3 用同样的方法把大纸片、小纸片贴在背景图上。

4 用纸片进一步填充画面中的空白处。当作品完成后，孩子们会获得很大的成就感。

 **游戏之后孩子的改变**

孩子们完全没想到，拼出来的图案会比画出来的更漂亮。而且他们一直以为裁纸只能用剪刀，没想到还能用手。对这些，他们都感到很新奇。

No65 客厅装饰树

在孩子们看来每件物体都有生命，所以他们会给洋娃娃喂饭、哄洋娃娃睡觉。不管是树、洋娃娃还是动物，都是他们的朋友。所以当看到孩子为落叶而伤感的时候，我便决定把这些落叶带回家，并赋予它们以新的生命。

游戏年龄：5~7岁

准备材料

报纸、树叶、胶枪、鸡蛋托盘、颜料、刷子、白纸、双面胶、剪刀

游戏效果

- 通过游戏让孩子学会爱护树木。
- 丰富孩子的想象力。

孩子的游戏反应

孩子们心地善良，看到受伤的树木也会为其伤心。赋予落叶以新生命之后，孩子们就变得更加爱护树木了。

游戏准备

摘一些受损的树叶或者捡一些落叶回来。

1 在客厅地板上铺上两张纸，然后将准备好的报纸拿出来，握住报纸的两端慢慢扭曲旋转。

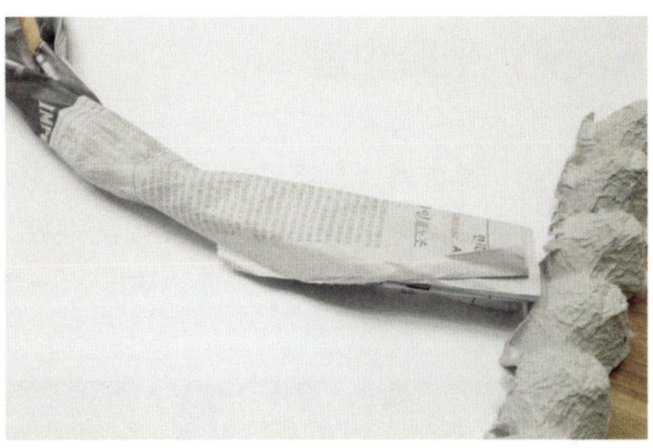

2 用剪刀横着剪下一竖条鸡蛋托盘，将其贴在白纸下方，然后将拧好的报纸贴在托盘的中心位置。这样，树干就做好了。

3 树的大小与制作方法都要和孩子商量之后再决定。树枝做好后用刷子蘸着颜料上色。

4 用胶枪或者双面胶，将摘回来或者捡回来的叶子贴在树上。既可以贴在树枝上，也可以贴在树底下。

游戏之后孩子的改变

不管孩子做得好不好，妈妈都不要帮忙。只要在旁边讲一些与树木有关的故事，或者和孩子简单地聊聊天即可。

No66 坐船钓鱼

钓鱼游戏是孩子们最喜欢的游戏之一，玩具店中通常也有各式各样的钓鱼玩具。直接使用这些钓鱼玩具固然很好，但如果我们在此基础上进一步营造出海边的场景，并加入故事情节，孩子们一定会更加印象深刻。

游戏年龄：2~4岁

准备材料

空箱子、壁纸、木制筷子、胶带、塑料布、海带、贝壳、钓鱼玩具

游戏效果

- 提高孩子的注意力。
- 培养孩子的手眼协调能力。

孩子的游戏反应

钓鱼游戏对提高孩子们的注意力十分有好处，并且还能够增强他们克服困难的意志。而比起直接钓鱼，坐船钓鱼显然会更有意思。

游戏准备

将箱子的一面剪掉，然后对箱子进行一定程度的修整，使其看起来更像一艘船。做好之后，在箱子的表面贴上彩色壁纸。为了更逼真地呈现出大海的样子，还要准备一些海带。

游戏 -1 在船上插上旗子

剪两个相同大小的三角形贴在筷子的上方，然后将孩子们喜欢的船名写在上面，最后再将旗子插在船尾。这样，属于孩子们的小船就完成了。

游戏 -2 将泡好的海带装饰在塑料布上

将塑料布铺在地板上，然后将海带撒在上面。最好让孩子们自己撒。

游戏 -3 把玩具放在塑料布上面

将塑料布对折，然后将孩子们的钓鱼玩具放在塑料布上面。

游戏 -4 钓鱼游戏

让孩子们坐在船上钓鱼，并比一比看谁钓得更多。孩子们很喜欢钓鱼游戏，都玩得聚精会神。

★也可以在单词卡片后面贴上磁性贴纸作为钓鱼玩具。

游戏之后孩子的改变

孩子们精神集中的时间很短，所以在做游戏时，妈妈要尽量加入一些有趣的要素来吸引孩子的注意力。比如，比起普通的钓鱼游戏，坐船钓鱼更能提高孩子的注意力。

No67 饮料杯盖七星瓢虫

有一次，孩子们在乡下看到了七星瓢虫，他们都十分喜欢。所以我尝试着用一次性饮料杯盖进行制作。下面就一起来制作只属于孩子们的七星瓢虫吧！

游戏年龄：5~7岁

准备材料

一次性饮料杯盖、卫生纸、白纸、剪刀、颜料、双面胶、硬纸板（空箱子）、眼睛装饰、绒线铁丝、胶枪、签字笔

游戏效果

- 帮助孩子了解七星瓢虫的特征。
- 通过变化形态培养孩子的想象力。

孩子的游戏反应

让孩子们一边回想之前看到的七星瓢虫，一边进行制作。如果想不起来也可以参照书上的图案，这样做有助于孩子们更好地了解七星瓢虫的特征。

游戏准备

把卫生纸撕碎，然后将红色颜料和黑色颜料挤在调色盘上。最后再给卫生纸染色。

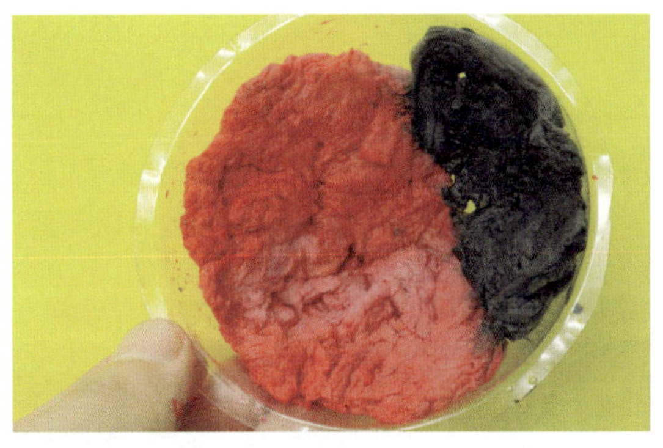

1 将染成红色和黑色的卫生纸放在一次性外带咖啡杯的盖子上。

2 将厚纸板剪成圆形，大小与饮料杯盖的大小相同。然后用胶枪把剪好的纸板贴在杯盖下。

3 先用绒线铁丝做七星瓢虫的腿，然后进入最关键的一环——用签字笔在白纸上画出几个黑色圆点。

★也可以用黑色彩纸剪出几个圆点。

4 用剪刀将黑色圆点剪下来，再用双面胶将剪好的圆点贴在七星瓢虫的背上，之后就可以让孩子们拿着玩了。

游戏之后孩子的改变

由于一直生活在城市里，孩子们见到小虫子往往只敢看，不敢摸。这个游戏恰好能帮助孩子们克服这种恐惧心理。通过七星瓢虫妈妈和七星瓢虫宝宝的情景剧，不仅能够让孩子们熟记七星瓢虫的特征，还能够让孩子们对七星瓢虫产生亲近感。

No68 树叶画

落叶总会给人一种悲伤的感觉，对孩子们来说也是如此。所以我决定和孩子们一起赋予落叶以新的生命。其实只需几种简单的工具，就可以制作出有趣的树叶画。下面就让我们捡起一片一片的落叶，让它们来激发孩子们的想象力吧！

游戏年龄：2~4岁

准备材料

树叶、眼睛装饰、乳胶

游戏效果

- 培养孩子的创意力。
- 提高孩子的分辨力和语言表达能力。

孩子的游戏反应

游戏前孩子们只把落叶视为垃圾，而游戏之后孩子们却开始把落叶捡回来做游戏。

游戏准备

散步时捡一些树叶回来。

1 将树叶分类，以培养孩子的分辨力。拼图前先和孩子们进行交流，让孩子们讲出自己的想法。

2 让孩子们根据自己的构想选择不同大小、不同形状的叶子，然后将叶子放在纸上摆好。摆好后，再用乳胶将叶子贴在纸上。

3 将眼睛装饰贴在树叶上。这样，一幅树叶画就完成了。

4 孩子们最后制作出来的树叶画既有蝴蝶，又有小鱼，十分有趣。这都是孩子们充分发挥自己想象力的结果。

游戏之后孩子的改变

树叶画游戏既没有用到画笔，也没有用到颜料，但丰富了孩子们的想象力。虽然游戏看起来很简单，但孩子们却可以通过分类、比大小等创作出优秀的画作。

No69 棉花塑料虫子

为了促进孩子触感的发育，在他们刚出生后不久我就买了触感玩具。可能是从小接触的原因，他们至今都很喜欢触感玩具。我给他们做过一条软软的虫宝宝，是用塑料和棉花来一起制作的。

游戏年龄：2~4岁

准备材料

棉花、白色塑料布、绒线铁丝、油性签字笔、透明胶带、眼睛装饰、泡沫塑料装饰、绳子

游戏效果

- 让孩子感受多种多样的触感。
- 拓宽孩子想象的空间与深度。

孩子的游戏反应

对于孩子来说，视觉、触觉等的发育非常重要。触感玩具虽然使用的材料很简单，但却十分受孩子们的欢迎。

游戏准备

将不透明的白色塑料布对折之后再对折。用胶带将塑料布的一端固定，另一端不做任何处理。

游戏 -1 加入棉花

放入棉花后，用胶带封口。再用绳子在中间系两下，将其 3 等分。尽量让两端稍微圆一些，用透明胶带固定好。

游戏 -2 贴眼睛

给玩具贴眼睛。即使孩子们贴不好，也要尽量让他们自己完成。

游戏 -3 画花纹

将绒线铁丝插在虫宝宝的头上和身体上作为触角和腿，然后再用油性签字笔在虫宝宝的身上画一些花纹。

★也可以在触角上端加入一些泡沫塑料装饰。

游戏 -4 其他材质的虫宝宝

如果没有塑料布，也可以用丝袜来制作。丝袜的触感与塑料的会完全不同。

游戏之后孩子的改变

由于孩子们很喜欢啃咬东西，所以玩具很容易就会坏掉，尤其是触感玩具。用棉花和塑料制作的虫宝宝不仅能让孩子感受到不同的触觉和质感，而且玩起来也比其他玩具更有意思。

No.70 手套孔雀

孩子们很喜欢动物园中的花孔雀，看到孔雀开屏时甚至还会欢呼雀跃。看到孩子们这么喜欢孔雀，我便决定和他们一起亲手制作孔雀玩偶。

游戏年龄：5~7岁

准备材料

手套、贴纸、胶枪、棉花、眼睛装饰、绳子

游戏效果

- 通过废物利用提高孩子的创意力。
- 提高孩子的语言表达能力。

孩子的游戏反应

看到废旧的手套被改装成华丽的孔雀后，孩子们兴奋不已。而对于手套的手指变身为孔雀尾巴，更是感到无比神奇。在制作过程中，孩子们的应用能力得到了很大的提高。

游戏准备

手指部分塞入棉花。

1 将大拇指摆在前面做孔雀头，其余四指放在后面做孔雀尾巴。用绳子从中间系好后，在手掌部分也塞入棉花。

2 将另一副手套的手指部分剪下来，然后在手指部分塞入棉花。

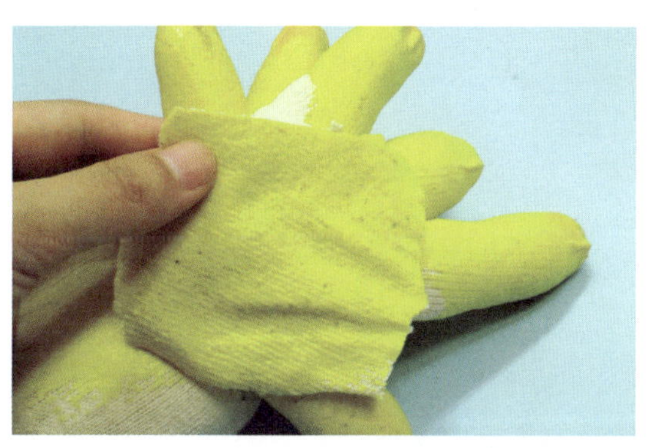

3 将塞好棉花的手指部分贴在手套后面，以丰富孔雀的羽毛。为了看起来更整洁，可以剪下手套的手掌部分贴在上面。

4 将彩色贴纸剪成圆形，然后贴在孔雀尾巴上作为装饰。最后再将眼睛装饰贴在大拇指部分即可。

游戏之后孩子的改变

孩子们对废物的神奇利用感到十分惊讶，而且自己也开始动脑筋思考废物利用的新创意。

No71 鸡蛋壳牧场

我们吃鸡蛋时一般都会把鸡蛋壳扔掉，但其实鸡蛋壳的用途十分广泛。它不仅可以用来做美术游戏、触觉游戏，还可以用来做装饰品。下面就用鸡蛋壳来还原牧场上的风景吧。而且这样的废物利用游戏，也能让孩子们更喜欢吃鸡蛋。

游戏年龄：5~7岁

准备材料

鸡蛋壳、胶枪、装饰材料、泡沫球、眼睛装饰、雪糕棒、颜料、画笔、锡箔纸、纸盘子、毛绒球

游戏效果

- 废物利用有助于增强孩子的想象力。
- 孩子还可以开发出更多种鸡蛋壳游戏。

孩子的游戏反应

我曾经和孩子们一起去牧场踏青，没想到他们非常喜欢牧场里的羊群，所以我便用鸡蛋壳为他们制作了姿态多样的可爱羊群。

游戏准备

用胶枪将碎鸡蛋壳重新粘好。因为外面还要包上装饰材料，所以也没有必要粘得完好如初。

1 给鸡蛋壳涂上一层白色，然后将雪糕棒剪成两半粘在纸盘子上，作为牧场的栅栏。

2 准备一些泡沫球和毛绒球（一般在文具店中就可以买到），将它们贴在蛋壳的表面。

★注意不要贴在羊脸部分。

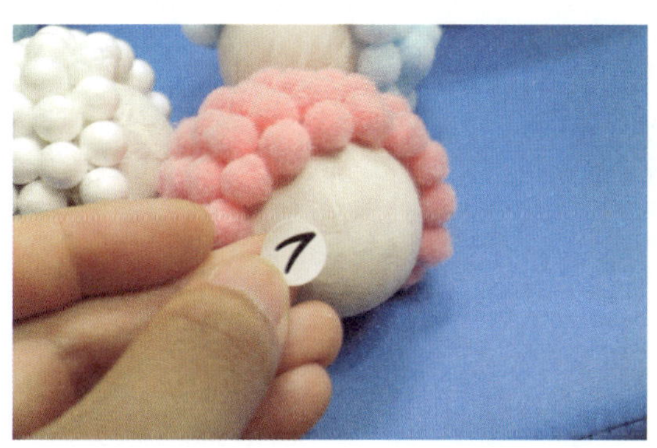

3 把各种眼睛贴纸贴在蛋壳上，以呈现出多种表情。

4 将锡箔纸剪下来并叠好，以作为羊角，再将羊角贴在羊头上。最后将羊群放回栅栏里即可。

★让孩子们感受鸡蛋壳碎掉后的触感。这也是一种触感游戏。

游戏之后孩子的改变

鸡蛋壳很薄，所以很容易碰碎。大部分的孩子在弄碎玩具后都会自责地哭起来，这时妈妈们一定不能说“都告诉你不要摔玩具了，记住没，以后再也不要这样”，因为这样的话本身就会给孩子造成伤害。不妨换一种表达方法，例如“小羊们身体不好，如果太用力的话，它们会疼的，所以玩的时候一定要轻一点”。

No72 纸巾盒手提包

孩子们最喜欢模仿的人就是爸爸妈妈。例如，孩子们也想像爸爸妈妈那样在属于自己的包包里放入各种各样的东西，比如玩具、书、学习用具等等。但一般情况下，对于买来的书包，孩子们很快就会感到厌烦。所以不如让孩子们自己制作一个。

游戏年龄：2~4岁

准备材料

纸巾盒、箱子提手、彩纸、胶水、贴纸

游戏效果

- 促进孩子手部肌肉的发育。

孩子的游戏反应

孩子们会在包中放些什么呢？喜欢的玩具、书、学习用具等，这些都是他们的宝贝。

游戏准备

准备一个纸巾盒，将纸巾盒带有开口的那一面剪下来。

1 将彩纸贴在纸巾盒的外面，即使各面颜色不同也会很漂亮。

2 贴好彩纸后，再拿出贴纸来装饰盒面。

3 用圆珠笔在纸盒上钻出四个孔，以便安装提手。

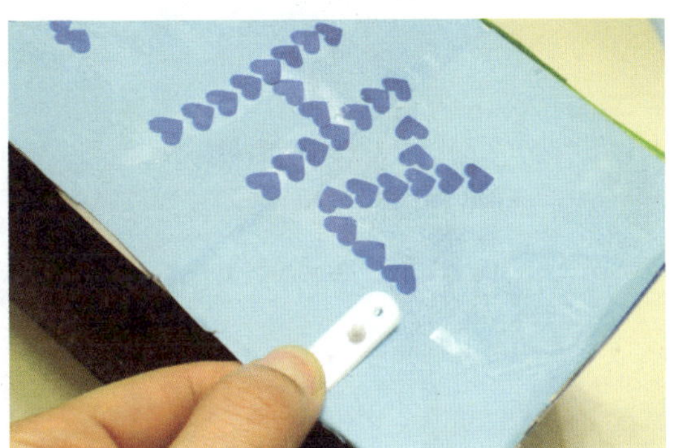

4 使用普通购物袋上的塑料提手即可。安装完提手后，手提包就完成了。

游戏之后孩子的改变

给纸巾盒贴彩纸能够增强孩子的空间认知能力。装饰提包时，可以贴上孩子的名字或者名字的缩写。

No73 纸巾盒圣诞树

每到 12 月，家家户户都会准备圣诞树，而孩子们看到圣诞树更是欣喜万分。虽然与孩子们一起装饰买来的圣诞树也是一件快乐的事，但如果能制作出一棵只属于孩子们自己的圣诞树，那不是更好吗？

游戏年龄：5~7岁

准备材料

报纸、宣纸、剪刀、胶水、颜料、纸巾盒、卫生纸纸筒

游戏效果

- 装饰圣诞树有助于孩子想象力的发挥。
- 剪纸和染色有助于孩子手部肌肉的发育。

孩子的游戏反应

因为能够自行设计圣诞树的大小和形状，所以孩子们更喜欢自己制作的圣诞树。

游戏准备

将纸巾盒打开平铺，剪去多余的部分，然后将纸巾盒卷成一个锥形。

1 在卫生纸纸筒外面贴上一层彩色宣纸，这样纸筒就可以作为圣诞树树干了。

2 将多张报纸叠在一起，剪成条状，然后将碎报纸贴到锥形纸巾盒上。

3 用颜料给锥形纸巾盒上色，接着再用一张纸封住锥形纸巾盒的底部。最后将准备好的卫生纸纸筒贴在纸巾盒底部作为树干。

4 用准备的装饰材料装饰手工圣诞树，我们选择了小鱼形状的饼干。

★锥形纸巾盒不仅能够用来做圣诞树，还可以用来制作扩音器。

游戏之后孩子的改变

孩子们动手制作出了自己喜欢的圣诞树，而且还用零食作为圣诞树的装饰。有了这样的手工经验，孩子们对其他手工材料会更感兴趣。

No74 手套鸡窝

一想到家人，我的脑海就会浮现出小鸡追在鸡妈妈身后的样子。不管是小鸡追在鸡妈妈身后的样子，还是鸡妈妈照顾小鸡的样子，都是那么惹人喜爱。所以我希望在制作小鸡和鸡妈妈的过程中，孩子们学会如何爱自己的家人。

游戏年龄：5~7岁

准备材料

手套、绳子、彩纸、眼睛装饰、气球、报纸、面糊、宣纸、黄色毛绒球、胶枪、纸盘子、包装纸、棉花

游戏效果

- 让孩子了解家人之间的爱。
- 在制作过程中培养孩子的创意力。

孩子的游戏反应

妈妈们很难用语言告诉孩子“什么是温暖的家”，所以大多数的妈妈都会选择用动物来做比喻。比如把小鸡和鸡妈妈比喻成孩子与妈妈，就很容易让孩子体会到家人之间的爱。

游戏准备

首先在气球上涂上面糊，然后将报纸和宣纸逐层贴在上面。待纸完全干后再把纸剪开。为了呈现出鸡蛋壳破碎的样子，要将蛋壳边缘剪成齿状。

1 先用绳子将除大拇指外的其余四指系好，然后在手套剩余部分塞入棉花。

2 把眼睛装饰和彩纸贴在大拇指上，作为眼睛和鸡冠。

3 将两个黄色毛绒球上下粘好，作为小鸡的头和身体，然后用签字笔在最上面的毛绒球上点两个点作为小鸡的眼睛，最后把彩纸贴在上面作为小鸡的嘴和翅膀。

4 将制作好的小鸡和鸡妈妈放在蛋壳中，也可以把包装纸剪碎铺在蛋壳中作为稻草。

游戏之后孩子的改变

鸡窝制作好后，孩子们都感到非常自豪，甚至还骄傲地拿给其他小朋友看。其他小朋友都十分羡慕。

No75 装饰性挂旗

为了给孩子们装饰房间，我特地去逛了装饰用品店。但是喜欢的东西都太贵了，最后一件也没有买到。所以我决定和孩子们一起动手制作卧房装饰品。由于是孩子们自己制作的，他们也会格外珍惜，这岂不是一举两得？

游戏年龄：5~7岁

准备材料

包装纸、绳子、胶水、胶枪、装饰用品、泡沫球、剪刀

游戏效果

- 孩子更喜欢自己设计的空间。
- 制作挂旗能让孩子了解到排列的规则性。

孩子的游戏反应

比起昂贵的装饰品，孩子们更喜欢妈妈和自己一起用心制作的东西。所以给孩子装饰房间的时候，妈妈们要尽量抽出时间与孩子一起动手制作，不要买那些现成的东西。孩子们会更喜欢自己装饰出来的空间。

游戏准备

准备几张印有卡通人物的包装纸。尽量选择不同颜色的包装纸，因为这样搭配出来的挂旗会更漂亮。确定挂旗的形状，例如三角形、四方形、圆形等，然后动手裁剪。

1 剪包装纸时，尽量保留完整的卡通人物图案。

★妈妈们要让孩子自己选择包装纸，这样可以从中了解孩子的喜好。

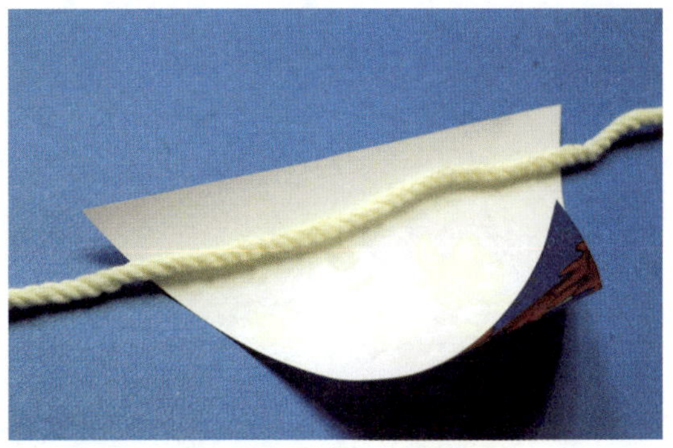

2 排列好挂旗的先后顺序后就可以粘贴挂绳了。先将挂绳横放在一面旗子的背面，然后再将另一面旗子贴在上面。

3 旗子两端最后要用绳子固定在墙上，所以一定要留出一些空间。

★粘旗子的时候，孩子们使用胶水即可，而妈妈可以使用胶枪做善后工作。

4 将泡沫球贴在旗子底端做装饰。最后将做好的旗子挂在窗户或者房门上即可。

游戏之后孩子的改变

一开始只是觉得墙面有点空，所以才做了挂旗。但制作好后孩子兴致勃勃地对我说："妈妈，太漂亮了。下次如果出了印有超级战队的包装纸，我们再做一个吧。"可见，虽然制作过程很简单，但孩子们却十分感兴趣。

No76 水果包装网蜗牛

在乡下，雨后总能看到很多蜗牛，但在城市中却很难看到。所以孩子们要想看蜗牛，只能去乡下或者买书来看。但其实只要有水果包装网就能做出可爱漂亮的小蜗牛。

游戏年龄：2~4岁

准备材料

绒线铁丝、水果包装网、毛绒球、胶枪、彩笔、眼睛装饰、厚纸板

游戏效果

- 增加孩子对生物的兴趣。
- 在装饰过程中充分发挥孩子的创意力。

孩子的游戏反应

孩子们第一次看到蜗牛时，就喜欢上了这种慢慢爬行的小生物。而制作蜗牛也可以丰富孩子们的想象力。

游戏准备

将厚纸板剪成圆形，然后将水果包装网套在上面，并用胶枪固定好。

1 用彩笔画出蜗牛的身体，并在前方贴上眼睛。

2 用手将绒线铁丝卷几下，使其弯曲，然后再用胶枪将其贴在水果包装网的上面。

3 将各种颜色的毛绒球贴在水果包装网上作为装饰。

4 这样，色彩斑斓的蜗牛就完成了。

★水果包装网的用途很广。例如将包装网翻过来后，再加上毛绒球和小蜡烛就可以制成生日蛋糕。

游戏之后孩子的改变

如今，由于大气污染、水污染严重，很多以前经常能看到的生物都消失不见了。比如，以前经常能在雨后看到的蜗牛，现在几乎看不到了。自从学会制作蜗牛后，孩子们每次见到蜗牛都会很欣喜。

No77 报纸“奶酪比萨”

比萨是大人和孩子都很喜欢的一种食物。虽然可以出去吃，但大多数情况下还是叫外卖。我的两个孩子最喜欢的就是那种有奶酪边的比萨——面饼加了奶酪会变得更好吃。因此，我将奶酪比萨也融入到了美术游戏当中。

游戏年龄：2~4岁

准备材料

报纸、颜料、比萨盒、毛毡纸、胶枪、画笔、纸盘子

游戏效果

- 边回想边做“比萨”，会使游戏变得更有意思。
- 纸和颜料的应用能够增强孩子的再现能力。

孩子的游戏反应

通过日常游戏培养孩子的再现能力很重要，特别是让孩子再现自己看到过的东西。这类游戏有助于提高孩子的语言能力、思考能力和认知能力。

游戏准备

准备两张报纸，统一剪成 5 厘米宽的长条，然后把报纸卷成卷。因为要贴在“比萨”周边，所以要多做一些。

1 准备一个纸盘子，将卷好的报纸卷用胶枪贴在盘子边上。

2 准备各种颜色的毛毡纸作为“比萨馅料”，粉红色的作为香肠、黄色的作为奶酪、绿色的作为柿子椒、黑色的作为橄榄。

3 将报纸卷染成黄色，这样会使“比萨”看起来更美味。

4 黄色颜料晾干后，就可以将馅料撒在“比萨”上了。最后再将“比萨”放入比萨盒中，简直可以以假乱真。

游戏之后孩子的改变

由于孩子们很喜欢比萨，所以在游戏过程中也格外配合。虽然制作出的比萨不能吃，但能看到孩子们互相谦让的样子，我感到非常欣慰。

No78 蜡笔绘制大海

蜡笔画需要用手涂抹，才能呈现出更好的效果。就像画在写生本上的蜡笔画一样，涂抹一下才会更有感觉。虽然很多人认为画蜡笔画很难，但蜡笔使用起来却很简单。下面就和孩子们一起用蜡笔绘制大海吧！

游戏年龄：2~7岁

准备材料

写生本、彩纸、胶水、蜡笔、卫生纸、剪刀

游戏效果

- 孩子可以识别蜡笔的多种颜色。
- 叠纸有助于孩子的大脑发育和手部肌肉发育。

孩子的游戏反应

随着孩子年龄的增长，妈妈们可以逐渐加大游戏的难度和复杂性，这样更有助于孩子各方面能力的开发。如果单纯地折纸不能再提起孩子的兴趣，也可以在游戏中加入蜡笔等其他美术道具。

游戏准备

让孩子们先用蜡笔在写生本上画画。蜡笔既可以竖着用，也可以横着用。

1 让孩子用各色蜡笔在写生本上随心所欲地绘画。为了呈现出更好的效果，画好后再用卫生纸代替手在上面轻轻涂抹一下。

2 将彩纸叠成小鱼的形状。

★具体叠法可以从网上找到，如果找不到也可以将彩纸直接剪成鱼的形状。

3 在另一张纸上画出海藻、海星等的形状，然后用剪刀将其剪下来。

4 将刚才剪好的纸贴在蜡笔画上，然后再将彩纸叠成的小鱼用胶水贴在上面。

★也可以先将小鱼贴在纸上，再用蜡笔画出海水。

游戏之后孩子的改变

彩纸的背面往往会印有一些小鸟和小鱼的叠法。但只是叠纸仿佛又缺少了些什么，所以我让孩子们画了蜡笔画作为背景。让孩子们一边画画一边聊天，可以大大丰富他们的想象力。

No79 饼干房子

很多童话故事中都会有一座糖果屋，这是每个小朋友都梦想拥有的。所以我想给孩子们做一间这样的糖果屋。下面就与孩子们一起制作吧！

游戏年龄：5~7岁

准备材料

鲜奶油、托盘、各种饼干

游戏效果

- 培养孩子推测大小的能力。
- 为了不让饼干房子坍塌，孩子学会了找重心。

孩子的游戏反应

由于孩子们的手部力量比较小，所以很难找到物体的重心。但这个游戏可以培养孩子们找重心的能力，而且搭房子也能够提高他们的注意力。

游戏准备

准备好孩子们喜欢的各种饼干以及鲜奶油。

1 将长方形的饼干用奶油搭在一起作为墙壁。如果饼干的大小不适合，可以用嘴咬下一部分。

2 用饼干和奶油一起搭起房梁，然后在上面放上比较宽的饼干作为房顶。

3 用各种各样的饼干将房顶装饰得更加漂亮。

4 再给房子搭建大门和围墙。待一切制作好后，就可以准备吃掉饼干房子了。

★如果孩子年龄过小，盖房子可能有些困难，这时可以用饼干做一些简单的搭积木游戏。

游戏之后孩子的改变

看了童话书，我才有了搭建饼干屋的想法。但没想到这个游戏大大提高了孩子们的注意力。而且在搭建过程中，孩子们还学会了掌握物体的重心。

No80 气球恐龙蛋

男孩子都很喜欢恐龙，比如棘龙、霸王龙等。现在也有很多与恐龙有关的书，书中经常会描述恐龙从恐龙蛋中出生的场面。下面就让我们用气球和恐龙玩具，来模拟一下恐龙出生的过程吧！

游戏年龄：2~4岁

准备材料

气球、恐龙玩具、牙签、颜料、画笔

游戏效果

- 恐龙破壳而出的过程能丰富孩子的想象力。
- 吹气球有助于锻炼孩子的呼吸调节能力。

孩子的游戏反应

将孩子们喜欢的恐龙玩具放入气球中让其重新出生，孩子们的反应会如何呢？一定会很开心吧？因为他们会就像真的看到恐龙出生的过程一样。除此之外，我们还可以让孩子把恐龙蛋涂成自己喜欢的样子。

游戏准备

小心地将恐龙玩具放入气球中，注意一定不要弄破气球。

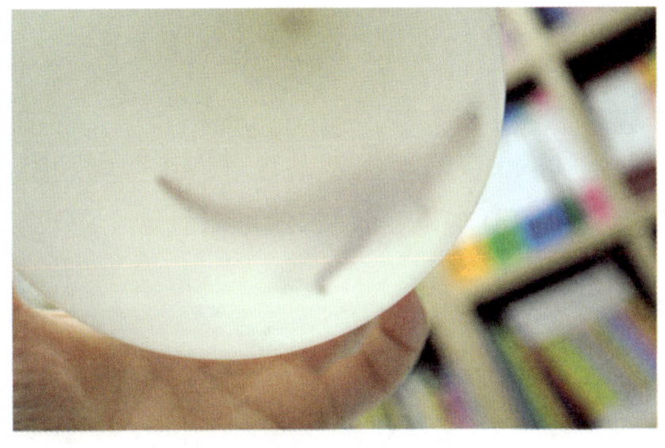

1 将放入恐龙的气球吹起来。孩子们可以从气球外观察恐龙的样子。

2 用绳子将气球口绑住，然后给气球上色。当然也可以给恐龙蛋画上各种颜色的花纹。

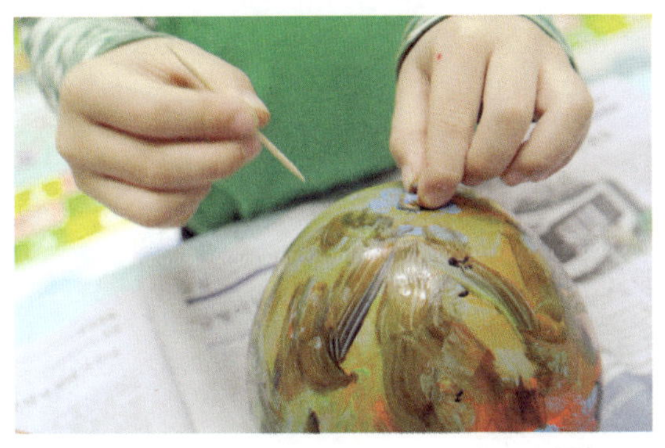

3 颜料晾干后，一起来见证恐龙出生的瞬间吧！让孩子用准备好的牙签扎爆气球。

4 气球爆炸后，恐龙就出生了。取出恐龙玩具后，孩子们就可以做恐龙游戏了。

游戏之后孩子的改变

如果说女孩最喜欢的是芭比娃娃，那么男孩最喜欢的就是恐龙。正是因为喜欢，他们才会记住那些复杂的恐龙名字。目睹恐龙出生的过程，会让孩子们更加喜欢恐龙，仿佛他们自己就是恐龙的爸爸妈妈一样。

No81 开理发店

很多小孩子都对剪头发很恐惧，甚至还会放声大哭。为了帮助孩子们克服对理发店的恐惧感,就来一起做理发店的游戏吧！只要有水果包装网,就可以玩这个游戏。

游戏年龄：5~7岁

准备材料

水果包装网、牛奶盒、筷子、一次性水杯、表情贴纸、彩纸、颜料、画笔、胶枪

游戏效果

- 通过设计发型培养孩子的创新能力。
- 提高孩子识别颜色的能力。

孩子的游戏反应

理发店游戏让孩子明白，理发并不是什么可怕的事情。游戏之后，孩子们再也不抗拒理发了。

游戏准备

游戏开始前，先向孩子们展示世界各国人民的样子，让他们明白世界上生活着各色人种。

1 将碗放在彩纸上，让孩子沿着碗边剪下一个圆，作为人的脸部。然后再给水果包装网涂上各种颜色。

★比起水彩颜料，丙烯颜料更适合。

2 用胶枪将筷子粘在一次性水杯上，然后将彩色人脸粘在水杯外面。

3 将各种颜色的水果包装网贴在一次性水杯上面。

★最好用剪刀将水果包装网剪成各种形状。

4 将牛奶盒洗净晾干，并用胶带封口。在牛奶盒上钻孔，然后将筷子插在上面，再模拟理发店里客人们坐在椅子上的样子。剪好头发后，贴上表情贴纸，这样看起来会更真实。

游戏之后孩子的改变

对于孩子们来说，外国人是既神奇又可怕的存在，甚至就算外国人只是坐在旁边，他们都会感到害怕。所以我们需要通过理发店的游戏让孩子了解人种的多样性，并克服对理发的恐惧。

No82 鸡蛋托盘天气预报

对于天气，我感觉很难通过语言给孩子解释清楚，所以我决定用鸡蛋托盘和鸡蛋更直观地对孩子进行说明。下面就和孩子一起来再现天气情况吧。

游戏年龄：2~4岁

准备材料

鸡蛋、丙烯颜料、画笔、鸡蛋托盘

游戏效果

· 了解各种天气状况。

· 学会各种天气的英语表达法。

孩子的游戏反应

今天晴、明天下雨，我们很难用这类语言给孩子们建立起对于天气的概念。但通过美术游戏，孩子们就可以很容易地了解天气。

游戏准备

准备一些煮好的鸡蛋，然后再准备一些丙烯颜料。

游戏 -1 鸡蛋游戏

将丙烯颜料染在鸡蛋表面。就算手上蘸到了颜料，也一定要拿好鸡蛋。染色时，如果不小心碰碎了鸡蛋，也尽量不要让颜料蘸到鸡蛋里面，这样孩子们还可以将鸡蛋剥了吃。

游戏 -2 晾鸡蛋

将色彩斑斓的鸡蛋放到托盘上晾干。

游戏 -3 给鸡蛋画天气

在鸡蛋壳上表现各种天气。在这个过程中，孩子们会说“啊，下雨要怎么表现”，“雪就像棉花糖一样漂亮吧？我来画画看”之类的话。

游戏 -4 鸡蛋保管

做完天气游戏后，可以将鸡蛋放在鸡蛋托盘里保管。

游戏之后孩子的改变

虽然我们经常用各种图案来表现天气，但却很少像这样立体地来表现。游戏中孩子们既可以学习天气知识，又可以吃到美味的鸡蛋。

No83 鸡蛋托盘波斯菊

鸡蛋托盘与鸡蛋一样，用途很广泛。这一次，我打算用鸡蛋托盘来制作波斯菊。波斯菊可以说是秋天的象征。虽然也可以用纸做，但用鸡蛋托盘来做会更加有趣。一边聊天一边做，这会是一个不错的游戏。

游戏年龄：5~7岁

准备材料

鸡蛋托盘、颜料、铁丝、碎布、空牛奶瓶、剪刀、胶枪

游戏效果

- 通过旧物改造培养孩子的创意力。
- 培养孩子的发散思维。

孩子的游戏反应

每当花瓶或花盆中的鲜花凋谢，孩子们都会很伤心。所以做了永不凋谢的波斯菊后，孩子们都很开心。而当看到孩子们用花做的各种其他游戏时，我不禁再次感叹孩子们创造力的丰富。

游戏准备

用刀将鸡蛋托盘的底部裁下去。

1 将裁下来的鸡蛋托盘底部剪成花的样子，展平后涂上孩子们喜欢的颜色。

2 用碎布将空瓶围起来作为花瓶，瓶口如果加上蝴蝶结会更可爱。

3 将铁丝粘在花底部作为花托。

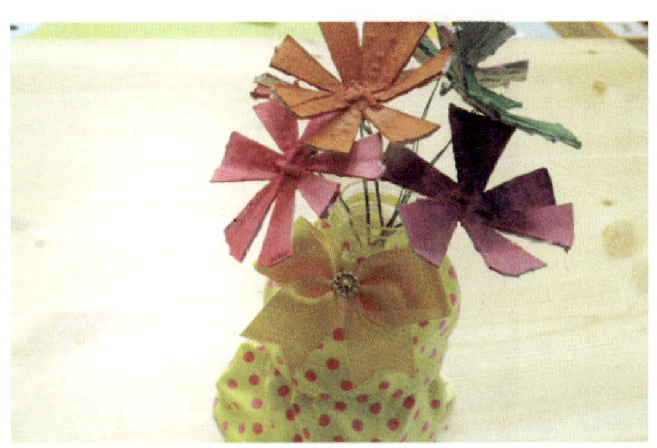

4 将制作好的波斯菊插入花瓶中，这样我们就可以看到永不凋谢的花了。

游戏之后孩子的改变

用鸡蛋托盘做波斯菊，用碎布和空瓶子做花瓶。作品完成后，孩子们将它摆放在了书桌前。本以为男孩子不喜欢花，但这个游戏让我了解到其实男孩子也喜欢漂亮的东西。

No84 传单绘画日记

绘画日记是小学期间具有代表性的一种作业，特别是对于低年级的小学生而言。通过传单绘画日记游戏，孩子们不仅能够学会写字，同时还能够学会写绘画日记的方法。下面就利用废弃的传单和孩子们一起写一篇绘画日记吧。

游戏年龄：5~7岁

准备材料

传单、剪刀、胶水、写生本

游戏效果

- 写日记能提高孩子的单词储备量。
- 剪贴游戏能促进孩子手部肌肉的发育。

孩子的游戏反应

通常对于传单，我们一般只是扫一眼就会扔掉。但为了写好日记，孩子们会聚精会神地在上面寻找需要的文字，并且用剪刀将它们一一剪下来。

游戏准备

准备一些传单，例如贴在门上的，或者夹在报纸中间的。

1 让孩子们先在写生本上写下自己想要说的话，然后将传单展开，在上面标出需要的单词或文字。

2 用剪刀将刚才标出的文字剪下来。

3 用胶水将刚才剪下来的字贴在写生本上，拼成自己想说的话。

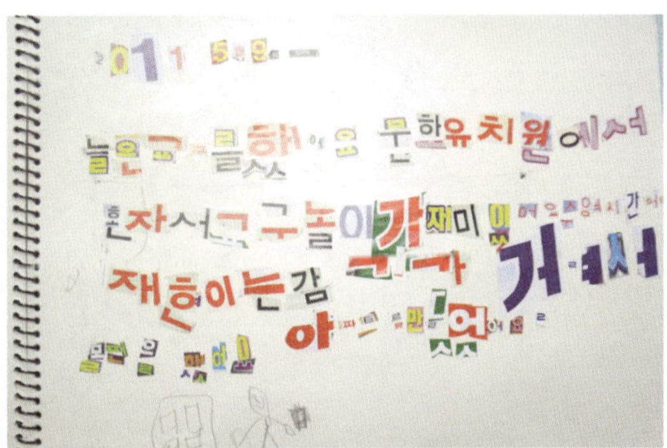

4 在日记下面画上画，绘画日记就完成了。

★传单上不仅有字，还有各种图案。孩子们可以将自己想吃的或者想要的东西也剪下来贴在本子上。或者利用上面的图案做数数游戏。

 **游戏之后孩子的改变**

逛超市时如果遇到自己认识的字，孩子们会非常高兴地大声朗读出来。认字游戏是一种帮助孩子快速识字的十分轻松而有效的方法。

No85 报纸甜甜圈

很多妈妈都会认为美术游戏很难，但其实只需几张报纸就可以做出有趣的美术游戏。因为报纸只要叠一叠、卷一卷便可以呈现出各种样子。这一次，我想利用报纸来制作甜甜圈，虽然不能吃，但也不失为一个有趣的美术游戏。

游戏年龄：2~4岁

准备材料

报纸、颜料、胶枪、装饰材料、画笔

游戏效果

- 叠报纸有助于孩子形状认知能力的形成。
- 卷报纸可以促进孩子手部肌肉的发育。

孩子的游戏反应

报纸居然能够被做成甜甜圈，孩子们对此感到十分神奇，甚至还会高兴地鼓起掌来。

游戏准备

将报纸纵向对折，一直对折到不能再对折为止。

1 抓住报纸的两端将其卷起来，卷好后再用胶枪将其固定。

★因为胶枪使用起来非常危险，所以这一步一定要由妈妈来代劳。

2 给卷好的报纸染上甜甜圈的颜色。

3 在颜料晾干前撒上装饰材料。甜甜圈的颜色互不相同会更加有趣。

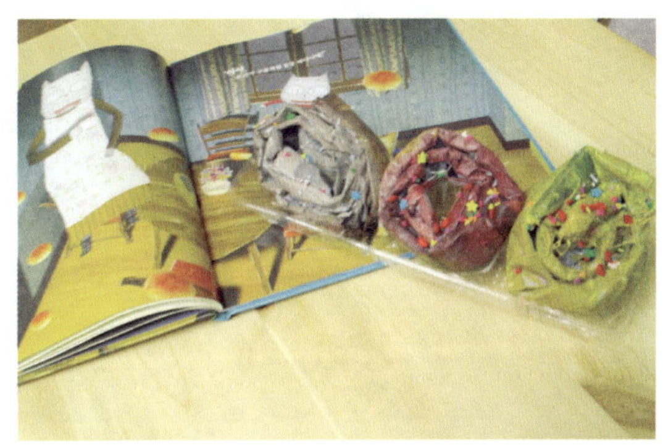

4 将孩子们做好的甜甜圈装入盘子中。是不是看起来比买来的甜甜圈更诱人呢？

游戏应用

我们还可以用做好的甜甜圈和孩子们做买卖东西的游戏，这样能够进一步丰富孩子的想象力。或者找出故事中出现甜甜圈的童话书，然后再现里面的故事。

No86 饭盒章鱼

孩子们很难分清鱿鱼、章鱼等软体动物，因为它们长得实在太相似了。而且章鱼一般都是分开卖的，所以孩子们几乎没有看到过完整的章鱼。但妈妈们可以通过该游戏告诉孩子们怎样区分鱿鱼和章鱼。

游戏年龄：2~4岁

准备材料

一次性饭盒、眼睛装饰、报纸、颜料、画笔、胶枪、水果包装网、毛绒球

游戏效果

- 帮助孩子了解生活在大海中的软体动物。
- 培养孩子的创意力。

孩子的游戏反应

通过游戏学会区分鱿鱼与章鱼，并记住它们各自的特征，例如有多少条腿、长成什么样子等。

游戏准备

准备一张水果包装网，剪下 8 条网带作为章鱼的腿。

1 用胶枪把包装网贴在一次性饭盒上，然后给饭盒与包装网上色。仔细上好色后，晾干备用。

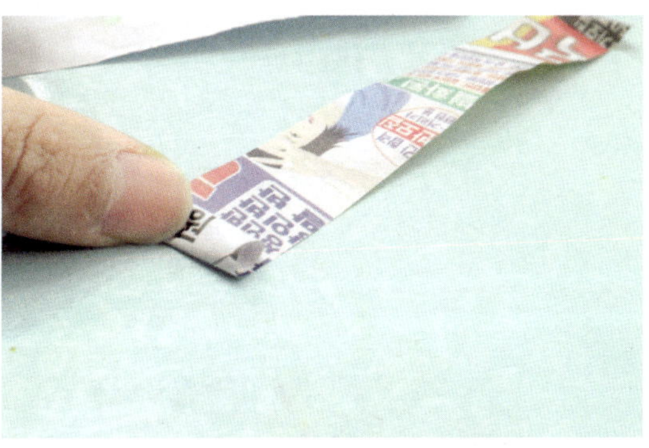

2 将报纸卷成一个小细卷，作为章鱼的鼻子。

3 用胶枪把毛绒球粘在章鱼腿上作为吸盘。

4 给章鱼贴上眼睛，然后将卷好的章鱼鼻子贴在眼睛下方。

 **游戏之后孩子的改变**

鱿鱼、章鱼、乌贼等软体动物很容易被混淆。但做了这个游戏之后，孩子们不仅认识到它们是完全不同的生物，而且还懂得如何将它们区分开来。

No87 杂志拼贴画

我们一般都会直接将旧杂志扔掉，但其实用旧杂志也可以做出有趣的美术游戏。就算孩子们不会画画也不要紧，他们只要懂得如何剪贴就可以了。

游戏年龄：5~7岁

准备材料

杂志、彩笔、写生本、胶水、剪刀

游戏效果

- 通过剪贴杂志培养孩子的创意力。
- 拼贴杂志能够丰富孩子的想象力。

孩子的游戏反应

孩子们喜欢自己思考，自己动手装饰某件东西。为了充分发挥孩子们的想象力，妈妈只需在一旁看着即可。我相信，妈妈们一定会为孩子的创意能力感到吃惊的。

游戏准备

准备一些旧杂志，将要用的图案剪下来。

游戏 -1 贴图案

将图案剪下来，然后用胶水粘在写生本上。

游戏 -2 用彩笔画画

让孩子用彩笔在图案四周画上自己想要画的东西。

游戏 -3 指导孩子

让孩子们看图讲故事。值得注意的是，妈妈千万不要干涉孩子的想法，只要在旁辅助即可。

游戏 -4 完成拼贴画

让孩子们自己拼贴画。由于孩子的能力和年龄不同，拼贴画的表现方法也会不同。

 **游戏之后孩子的改变**

在游戏过程中，孩子们会认真地观察杂志上的图片。而且他们每天都会有新的想法，他们的创新能力简直令人吃惊。

No88 铁丝兔子耳朵

孩子们区分动物的方法之一就是寻找动物的特征。比如，说到兔子就会想起长耳朵，说到大象就会想起长鼻子，说到小猫就会想起胡须等。下面就来和孩子一起做兔子耳朵发箍吧。

游戏年龄：2~4岁

准备材料

塑料布、铁丝、签字笔、发箍、胶枪

游戏效果

• 让孩子能更加仔细地观察小动物。

• 通过角色扮演丰富孩子的想象力。

孩子的游戏反应

百闻不如一见，一百次的说明也比不上一次真实的体验。美术游戏使孩子们养成了仔细观察事物的好习惯。

游戏准备

让孩子们一边看动物图片，一边找出动物的特征。这个游戏主要是观察兔子的特征。

1 将铁丝拧成兔子耳朵的形状，然后将塑料布包在铁丝外面。

2 将塑料剪成铁丝的形状，并用胶枪粘好。

★在游戏过程中，孩子可能会由于突然想起其他动物而把耳朵拧成其他形状，这时候，妈妈千万不要干涉。

3 根据兔子的特征，让孩子将兔子耳朵里面的部分涂成红色。

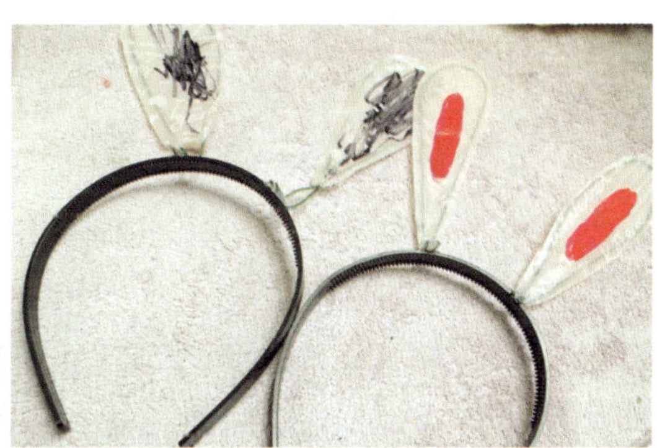

4 用胶枪将兔子耳朵粘在不用的发箍上。

游戏之后孩子的改变

游乐园中可以买到各式各样的动物发箍，但孩子们一般只是在游乐园里面戴一戴，回家后就会随手扔掉。而在家里制作动物发箍就不同了。不仅省钱，而且还可以用来和孩子们一起做角色扮演游戏。

No89 塑料袋小鱼

很多妈妈可能以为美术游戏材料很难获得，其实不然。本书介绍的大部分材料，基本都是我们在日常生活中很容易就可以找到的。这个游戏便只用到了塑料袋。只要我们将塑料袋吹起来，就可以得到一条可爱的小鱼。

游戏年龄：2~4岁

准备材料

塑料袋、彩纸、眼睛装饰、绳子

游戏效果

- 让孩子了解塑料的触感。
- 吹塑料袋能提高孩子的肺活量。

孩子的游戏反应

我发现孩子们很喜欢揉塑料袋。尤其是看到塑料袋做成的小鱼后，他们玩得更开心了。

游戏准备

从厨房中找出几个塑料袋，然后将其吹起来。

1 往塑料袋中吹入适量的空气，然后用绳子绑住袋口。接着再用剪刀将袋口剪成半圆形。

2 把彩纸剪好后，粘在塑料袋上作为鱼鳍。可以让孩子尽情地按照自己的个性装饰小鱼。

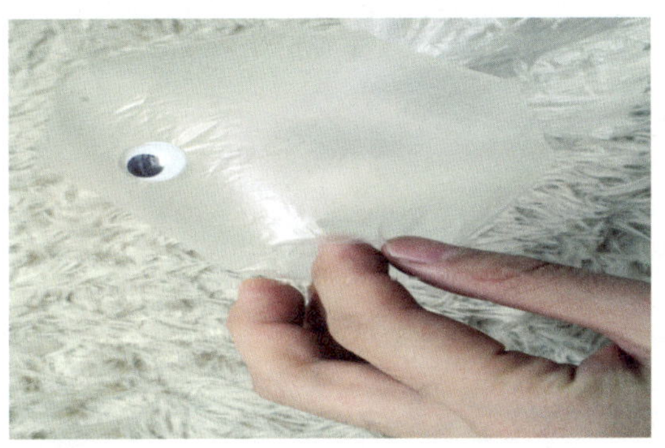

3 将眼睛贴在塑料袋前端，一条小鱼就基本成型了。再用手将塑料袋前端稍微塞进去一些，小鱼的嘴就做成了。

4 至此，塑料袋小鱼便完成了。孩子们可以利用做好的小鱼做抓鱼或者抛鱼游戏。

 **游戏之后孩子的改变**

做好塑料袋小鱼后，孩子们不仅会用它来做抓鱼的游戏，同时还会格外留意塑料袋的触感以及塑料袋发出的声音。虽然是再简单不过的游戏道具，但却能很好地促进孩子认知能力的发育。

No90 体操彩带

自从看到电视上的艺术体操比赛后，孩子们就迷上了舞彩带。看着孩子们空手模仿运动员们的动作，我便想到用编蝴蝶结的带子给孩子们亲手制作艺术体操彩带。没想到孩子们边蹦边跳玩得十分开心。为了可能成为体操运动员的孩子们，大家一起来制作彩带吧！

游戏年龄：5~7岁

准备材料

纸、筷子、透明胶带、软蜡笔、剪刀、蝴蝶结彩带、写生本

游戏效果

- 提高孩子的身体表现力。
- 提高孩子的身体协调能力。

孩子的游戏反应

难道你不想知道孩子的柔韧性如何吗？这个游戏有助于我们发现孩子的潜在才能。

游戏准备

让孩子先用软蜡笔在写生本上画一些长线，然后再画一些彩色花纹。

1 用剪刀将纸剪成等宽的长条，然后用透明胶带将他们一一拼接起来。

2 在纸条的最末端贴上一条长 5 厘米的蝴蝶结彩带。

3 用透明胶带将筷子贴在纸带的另一端。这样，彩带就做好了。

4 让孩子像体操选手一样跟着音乐舞动彩带。当然也可以开发出一些其他游戏。

 **游戏之后孩子的改变**

下雨时我们只能待在家里，这对于活泼的男孩子来说是一件十分痛苦的事情。而彩带不仅制作简单，还可以满足孩子们的游戏需要。

No91 气垫螃蟹

快递包裹里总会有一些防摔气垫，弃之可惜。其实我们可以用这些气垫来做螃蟹。平时孩子们很害怕螃蟹，所以我们不妨通过这个游戏来培养孩子对螃蟹的亲近感。

游戏年龄：5~7岁

准备材料

防摔气垫、胶枪、眼睛装饰、油性签字笔、绒线铁丝

游戏效果

- 让孩子感受防摔气垫的触感。
- 通过旧物改造提高孩子的创新能力。

孩子的游戏反应

如果孩子们不认识螃蟹，可以先让他们看生物书中关于螃蟹的内容。这样相辅相成的学习方式更有助于孩子了解螃蟹的特征。

游戏准备

用剪刀将快递包裹里的防摔气垫剪成单个的。

1 剪八条绒线铁丝作为螃蟹的腿，再用胶枪小心地将它们粘在气垫上，最后再贴上眼睛。

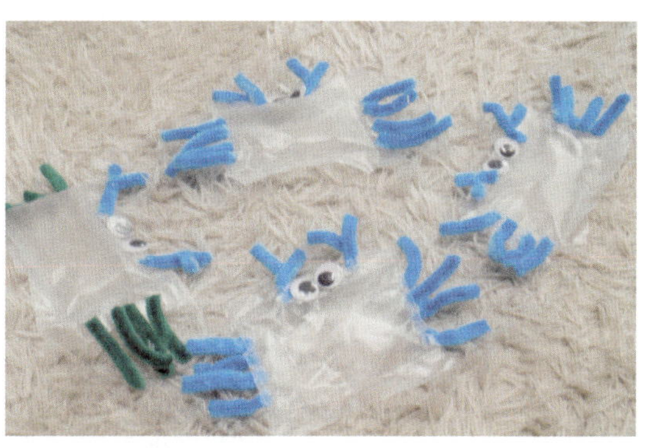

2 多做几只螃蟹。

3 让孩子用油性签字笔在蟹壳上绘画作为装饰。

4 各式各样的螃蟹完成好后，就可以拿来做各种游戏了。

游戏之后孩子的改变

如果孩子们害怕某种动物，我们就可以通过动物制作游戏来帮助他们克服恐惧。

衣食住行是生活中十分重要的四个方面，而食又是其中最为重要的，因为它直接关系到我们的健康。但是，对于很多小孩子来说，按时吃饭却是一件很痛苦的事情。所以我们要让孩子从小养成正确的饮食习惯。烹饪游戏就是一种不错的方式，既可以矫正孩子的不良饮食习惯，又可以促进孩子认知能力的发育。

PART 4

和妈妈一起做的烹饪游戏

No92 三明治便当

外出郊游时妈妈们都会准备美味的便当，而三明治就是其中最为简单的一种食物。使用不同材料的三明治，其味道也会不同。正因为三明治可以充分满足男女老少的不同需求，所以成为家庭餐厅中的一道人气美食。下面就让我们用上好的食材，与孩子们一起制作三明治吧。

游戏年龄：2~7岁

准备材料

面包片 3 片、奶酪 2 片、火腿 2 片、鸡蛋 1 个、牛奶 2~3 勺、蛋黄酱 2 勺、草莓酱 2 勺、白糖少许

游戏效果

- 增强孩子对烹饪的自信。
- 通过品尝食物培养孩子的味觉。

孩子的游戏反应

对于处在成长期的孩子们来说，正餐以外的加餐很重要。但如果总是做相同的食物，孩子们很容易就会感到厌烦。这时如果我们和孩子们一起来做的话，就算是简单的食物，孩子们也会觉得很好吃。

1 把面包片放在案板上，让孩子们用擀面杖将其擀平。

2 用剪刀将面包边剪下来。如果孩子太小，可以先将面包片从中剪开，让孩子用手将面包边撕下来。

3 在其中两片面包上抹上蛋黄酱，剩下一片则抹上草莓酱。妈妈需把火腿提前用热水焯一下。

4 在其中一张抹了蛋黄酱的面包片上放上奶酪片和火腿片，然后将抹了草莓酱的面包片放在上面，同样在上面加上奶酪片和火腿片。最后再将抹了蛋黄酱的另一张面包片放在上面。

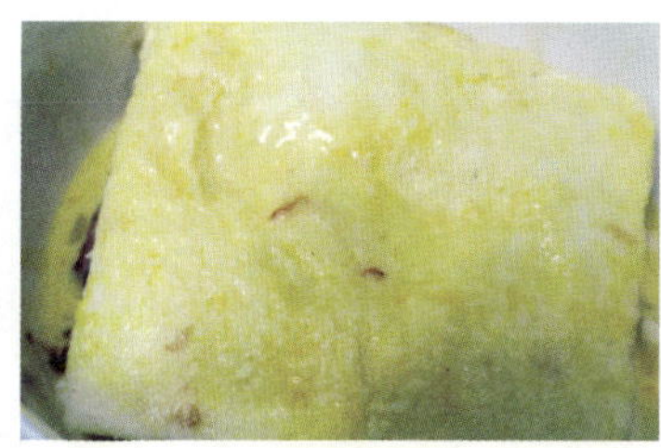

5 在碗中放入一个鸡蛋、半勺糖、2~3 勺牛奶，搅拌均匀成鸡蛋液。在面包上涂上鸡蛋液，然后放入煎锅中稍微煎一下。

★如果孩子们在制作过程中偷吃，也不要大声训斥他们。

6 最后将三明治包装好，一份美味的便当就完成了。制作过程固然重要，但与孩子们一起边吃边聊才是最有意义的。

游戏之后孩子的改变

虽然只参与了部分制作过程，但这足以令孩子们为自己感到骄傲。所以他们会把三明治一点不剩地吃掉。

No93 奶酪薄饼比萨

虽然孩子们爱吃比萨，但孩子们的口味往往变化多端，而且比萨价格也不低，所以我们也不能总点外卖。因此我尝试着在家中做比萨。下面就和孩子一起做他们喜欢的玉米薄饼比萨吧。

游戏年龄：2~7岁

准备材料

玉米粒半杯、比萨奶酪适量、洋葱半个、火腿少许、香肠少许、猪排酱 1 勺、药水瓶、薄饼 2 张、番茄酱 2 勺

游戏效果

- 通过搭配比萨馅料体会烹饪的乐趣。
- 打消孩子对部分食物的抵触感。

孩子的游戏反应

制作比萨有助于孩子触觉的发育，同时由于是亲手制作的，所以他们吃起来也会更香。

1 首先将玉米粒冲洗干净，然后把洋葱、火腿、香肠等切碎放入煎锅中翻炒。

2 将番茄酱装入洗净晾干的药水瓶。

★以上两步都要由妈妈来帮忙完成。

3 准备两张薄饼，在中间加入比萨奶酪。

4 让孩子们用勺子把猪排酱抹在薄饼上，并撒上一些比萨奶酪。接着把妈妈炒好的馅料和玉米也放在上面。

★比萨酱是由 1 勺番茄酱和 1 勺猪排酱混合而成的。

5 把药水瓶中的番茄酱挤在比萨上面。

6 把比萨放入微波炉中加热，或者放入烤箱中 180 摄氏度烘烤 10 分钟。都做好之后，就和孩子一起大快朵颐吧！

游戏之后孩子的改变

很多孩子都讨厌吃蔬菜，但是比萨中的蔬菜他们却不会挑出来。所以可以在比萨中加入一些孩子平时不喜欢的蔬菜。

No94 多表情饼干

孩子们的表情非常丰富，时而微笑，时而又眉头紧锁。当孩子们做出不同表情时，妈妈要尽量让他们留心观察自己的样子，这样孩子们才能知道微笑才是最美的。我们还可以用饼干来呈现孩子的各种表情。虽然样子可能会不是很好看，但每个表情都是孩子们用心刻上去的。

游戏年龄：2~7岁

准备材料

富强粉 60g、杏仁粉 60g、糖 35g、食盐 0.5g、泡打粉 1g、鸡蛋黄 1 个、黄油 55g、杏仁碎少许

游戏效果

- 通过和面的过程锻炼孩子的手部肌肉。
- 进一步丰富孩子的面部表情。

孩子的游戏反应

在制作饼干的过程中，孩子们会互相观察对方的表情，甚至还会开发出一些新表情。不仅能做游戏，还能吃到好吃的饼干，所以孩子们十分开心。

1 将黄油和白糖放入大碗中搅拌。搅拌到一定程度后放入鸡蛋。

2 然后将富强粉、泡打粉、杏仁碎等剩余材料也放入碗中，按“#”字形进行搅拌。

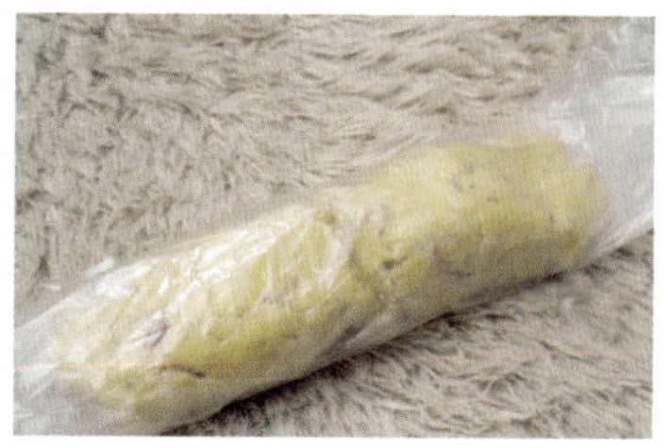

3 和面结束后，用塑料布将面团包起来放入冰箱冷藏 30 分钟。

★虽然面和稀了可以放在裱花袋中挤着用，但我们最好还是多加些面粉使面团成型。

4 将面团从冰箱中取出，分成小块。然后揉一揉，将其按成扁平状。孩子们跟着妈妈做即可。

5 用筷子在面饼上画出各种表情，例如微笑、皱眉等。

6 在 180 摄氏度的烤箱中烤制 10~15 分钟。刚烤好的饼干很烫，一定要晾凉后再和孩子们一起分享。

游戏应用

如果在面团中加入食用色素，还可以做出孩子们喜欢的卡通人物。

游戏之后孩子的改变

孩子们会互相模仿对方的表情，而且会边模仿边笑，玩得十分开心。

No95 面包土豆饼

土豆饼外酥里嫩，是孩子们喜欢的美食之一。其实，我们在家中也可以制作土豆饼。主要材料当然是土豆，而外面的酥皮用面包屑来代替即可。需要注意的是，制作时孩子可以参与，但炸制时一定要由妈妈亲自进行。

游戏年龄：2~7岁

准备材料

面包 2 片、火腿 1 片、鸡蛋 1 个、土豆 2 个、面包屑少许、荷兰芹少许、玉米粒少许、蛋黄酱 1 勺、食盐 1 小勺、黄瓜 1 根

游戏效果

- 制作土豆泥可以锻炼孩子的手部肌肉。
- 利用生活物品能提高孩子的应用能力。

孩子的游戏反应

土豆饼不仅所需材料简单，而且还能够满足孩子的审美要求。孩子们边吹边吃的样子别提多可爱了。

1 将煮好的土豆放入大碗中捣碎，然后将玉米粒、黄瓜切碎、脱水放入其中搅拌，最后加入食盐和蛋黄酱。

2 准备两片面包，在其中一片上面放上馅料和火腿片。

3 将另一片面包附在上面，再把一个比面包片稍小的碗盖在上面，用力下压。

4 取下碗就可以得到圆形的面包了。

5 将裹满鸡蛋液的面包在面包屑中滚一下，然后抖掉多余的部分。

6 炸制土豆饼时，油温不要过热。炸好后，要等晾凉了再给孩子吃。为了便于孩子食用，还要将土豆饼分成合适的大小。

★炸制时，人很容易被烫伤，所以这一步一定要由妈妈来做。

游戏之后孩子的改变

孩子们很讨厌土豆，却不讨厌土豆沙拉。如果连土豆沙拉也不喜欢的话，妈妈们就可以尝试制作土豆饼。

No96 蟹肉三明治

放学后，孩子们通常都会很饿，所以我总是给他们准备很多零食。有一天我就给他们准备了三明治，而且是蟹肉三明治。下面就让我们一起来做吧。

游戏年龄：2~7岁

准备材料

面包 2 片、鸡蛋 1 个、蟹肉棒 3 根、奶酪 1 片、洋葱半个、蛋黄酱 2 勺、食盐少许

游戏效果

- 撕蟹肉可以锻炼孩子的手部肌肉。
- 品尝各种味道能丰富孩子的味觉。

孩子的游戏反应

孩子在成长过程中总是喜欢尝试新事物，所以妈妈们在做饭时，也可以让孩子加入其中。虽然只是简单的动手游戏，但却能够让孩子感觉到极大的乐趣。

1 将鸡蛋放入碗中打碎，加入切碎的洋葱，然后用手将蟹肉棒撕碎。

2 将撕好的蟹肉放入鸡蛋液中。就算孩子们撕得不太好也没关系。

3 用勺子将材料搅拌均匀。

4 把鸡蛋液倒入煎锅中。煎的过程很危险，所以让孩子在一旁观看即可。

5 在其中一片面包上涂上蛋黄酱，然后将煎好的鸡蛋和奶酪片放在上面。最后再附上另一片面包。

6 将三明治切成小块，以便孩子们食用。让孩子们互相评价三明治的味道。

游戏之后孩子的改变

自从开始在家做三明治，孩子们就对面包房里的三明治失去了兴趣。大概是因为家里的三明治更能符合孩子的口味，而面包房中的口味很单一，而且不一定是孩子所喜欢的。看来还是妈妈们亲手制作的爱心三明治最好吃。

No97 可爱的鸡蛋船

在烹饪游戏中，食物的味道固然重要，但也不能失去游戏的乐趣。所以在反复思考过后，我决定把孩子们喜欢的煮鸡蛋也加入到烹饪游戏中。只需要在鸡蛋上插上写有孩子名字的旗帜，一艘漂亮的鸡蛋船就诞生了。

游戏年龄：2~7岁

准备材料

煮土豆 1 个、鸡蛋 1 个、玉米粒 1 杯、葡萄干少许、蛋黄酱 2 勺、食盐 1 小勺

游戏效果

· 提高孩子编故事的能力和语言表达能力。

· 通过切鸡蛋让孩子了解事物形态的多样性。

孩子的游戏反应

让孩子们自己剥鸡蛋壳。因为没有危险性的事情最好让孩子自己做，这样还能增添游戏的乐趣。

1 鸡蛋煮好后，让孩子们剥鸡蛋壳。

2 用刀将剥好壳的鸡蛋切成两半。尽量使用切蛋糕的塑料刀。

3 将煮好的土豆放入碗中捣碎，再加入鸡蛋黄，然后放入葡萄干、玉米粒以及蛋黄酱。

4 将搅拌好的沙拉放入蛋白内。

5 将吸管剪成适当长度，然后将三角形旗帜贴在上面，并写上孩子的名字。

6 把做好的旗帜插在鸡蛋船上。

★ 用鸡蛋船做游戏，游戏结束后可以将其吃掉。

游戏之后孩子的改变

鸡蛋船不仅制作起来很有意思，而且做好后还可以给船起名字、编故事等。例如我的大儿子就称自己为宙斯，所以他要吞掉小船。就像这样，我们可以通过游戏锻炼孩子的语言表达能力。

No98 剩饭培根卷

做饭时，即使我们计算得再精细，也往往还是会剩饭。而这些剩饭扔掉可惜，直接吃又不健康，所以常被用来做炒饭。然而就算我们加入再多的材料，常吃炒饭孩子们还是会厌烦。所以我想到用培根来卷炒饭。这样做不仅味道好，而且还可以装入便当盒里让孩子带到学校吃。

游戏年龄：2~7岁

准备材料

剩饭半碗、培根 6 片、火腿少许、彩椒半个、芝麻盐 1 小勺、食盐 1 小勺、香油 1 小勺、海鲜酱 1~2 勺

游戏效果

- 通过择菜让孩子了解各种蔬菜的触感。
- 提高孩子的注意力，同时锻炼其手部肌肉。

孩子的游戏反应

自己动手择菜可以减少孩子对蔬菜的抵触感，而且吃起来也会感觉更香。所以如果孩子偏食严重的话，不妨通过烹饪游戏来改变他们的饮食习惯。

1 准备好炒饭所需的蔬菜。因为孩子们会直接接触，所以一定要选用那些他们不过敏的蔬菜。

2 为了不伤到孩子，尽量使用切蛋糕的塑料刀。同时可以让孩子们看着蔬菜的样子自己编故事。

3 在煎锅中倒入少许油，将孩子们切好的蔬菜和火腿倒入其中翻炒。

★因为要用到火，所以这一步由妈妈来做。

4 加入剩饭、海鲜酱进行翻炒，接着加入食盐和香油调味。注意味道要淡一些，因为培根本身就很咸。

5 待炒饭放凉后，将炒饭放在培根上卷起来即可。

6 将卷好的培根卷放在煎锅上用小火煎一下。

游戏之后孩子的改变

比起一勺一勺地舀着吃，这样做成培根卷，孩子们吃起来会更方便。就算是不爱吃饭的孩子，也会爱上培根卷。

No99 牛肉奶酪焗饭

考虑到孩子们的健康，我一般都会给孩子们吃牛肉。但是孩子们不太喜欢牛肉的口感，所以我通常会把牛肉剁碎用来炒饭。有时我还会在炒饭上面加入奶酪做成奶酪焗饭，孩子们都非常喜欢。下面就和孩子们一起来做牛肉奶酪焗饭吧。

游戏年龄：2~7岁

准备材料

米饭 1 碗、牛肉馅 200g、柿子椒半个、洋葱半个、海鲜酱 2 勺、芝麻盐少许、香油少许、奶酪少许

游戏效果

• 可以让孩子对蔬菜更有亲近感。

孩子的游戏反应

孩子们对奶酪能融化这件事感到很神奇，所以他们特别喜欢吃奶酪焗饭，即使里面加入了很多蔬菜。

1 用塑料刀将洋葱和柿子椒切成丁。

2 在煎锅中倒入油，然后放入切好的蔬菜丁翻炒。接着加入牛肉馅，翻炒一会儿后再加入芝麻盐、海鲜酱。

3 将炒饭倒入碗中。一定要使用微波炉专用碗或者烤箱专用碗。

4 将奶酪切块，撒在炒饭上。

5 放入烤箱直到奶酪全部融化。没有烤箱也可以使用微波炉。

6 焗饭做好后，就可以用勺子舀着吃了。加入奶酪后，炒饭会变得更好吃。

游戏之后孩子的改变

孩子们很喜欢把奶酪拉得很长，而且吃完后还会要求下次多加一些。

No100 红豆面包

市面上买的红豆馅面包的样子都大同小异，所以我决定和孩子一起打破传统，制作一些形状奇特的红豆面包。这样一来，孩子不仅可以吃到美味的面包，同时还可以体验游戏的乐趣。下面就让我们一起来做独一无二的红豆面包吧！

游戏年龄：2~7岁

准备材料

富强粉 265g、黄油 30g、鸡蛋 50g、红豆馅 400g、奶粉 5g、水 105g、酵母 6g、食盐 3g、白糖 38g

游戏效果

- 让孩子感受面团的触感。
- 使孩子变得更加心灵手巧。

孩子的游戏反应

面团摸起来像孩子们的细皮嫩肉一样舒服柔软，是十分好的游戏道具。制作面食不仅可以提高孩子的注意力，同时还可以大大丰富孩子的想象力。

1 把红豆馅以外的所有材料混合在一起揉成面团，然后将其10等分。

2 在室内放置10分钟左右，面团就会膨胀起来。这时可以给孩子解释酵母发酵的原理。

3 将面团和红豆馅分发给孩子们，并告诉他们包面包的方法。

4 让孩子们充分发挥自己的想象力，制作出形态各异的红豆面包。

5 将面包放入烤箱烘烤。如果孩子们想要自己动手烤面包，也可以先做烤面包的游戏。

6 面包烤好后晾凉，最后让孩子们边吃边评价自己的作品。

游戏应用

网上可以买到制作金鱼面包的模具，只要买到这个模具我们就可以在家中制作金鱼面包了。在往模具中倒入面糊时，需要孩子们掌握平衡并控制用力。

游戏之后孩子的改变

就算没有面包房里的面包香软，但这却是独一无二的、只属于孩子们自己的红豆面包。

No101 面条虾卷

说起炸制的东西，就不得不提到炸虾。我的小儿子特别喜欢炸虾，几乎每次去吃自助都一定要吃。难道这么小就已经懂得炸虾的脆爽口感了？于是，我尝试着在家中与孩子们一起制作炸虾。但是我并没有使用面包屑，而是使用了面条。

游戏年龄：2~7岁

准备材料

虾 10 只、牙签、面条 1 把、面粉少许、胡椒少许、食盐少许、清酒少许

游戏效果

- 通过给虾剥皮让孩子了解食物的来之不易。
- 通过卷面条锻炼孩子的手部肌肉。

孩子的游戏反应

最初孩子们都不敢摸生虾，因为虾的触感很奇怪。但剥完一只虾后，他们便信心大增，连卷面条都做得很好。而且处理虾还有助于孩子们更深入地了解虾的特征。

1 将虾洗好后放入盘中，看看孩子们的反应。我的小儿子由于太胆小，看到虾掉头就跑。

2 测试完孩子的反应后，便可以去虾头、剥虾壳了。6 岁大的小孩完全可以自己完成这一工序。

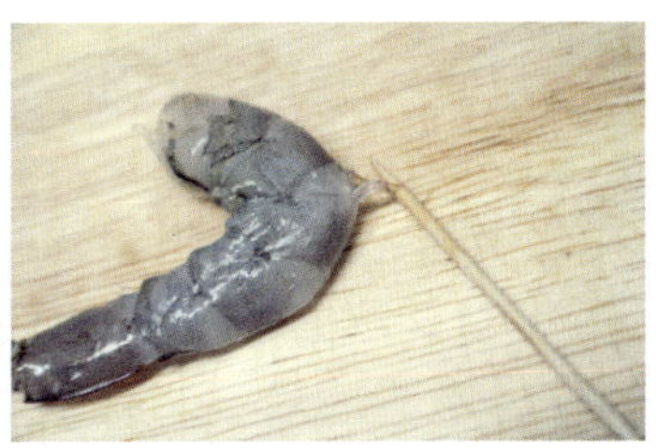

3 用牙签将虾的内脏挑出来。妈妈们一定要将虾尾的存水处理干净，这样，炸的时候油才不会溅出来。

4 倒入食盐、胡椒和清酒，腌制 30 分钟。然后蘸上面粉，去除虾上的水。

5 面条煮熟过水，一定要把水沥干净，然后将面条卷在虾上。

6 下油锅炸至金黄。因为煎炸会很危险，所以这一步由妈妈来做。

游戏之后孩子的改变

孩子们看到生虾会很害怕，就像我的小儿子那样。但学会剥虾后，这种恐惧就会自然消失，而且最后孩子们还会吃得很开心。

No102 面包意面

奶油意大利面是孩子们喜欢的食物之一。而用面包作为盛放奶油意大利面的盘子，不仅可以使意大利面看起来更美味，而且最后还可以吃上蘸奶油的面包。下面就与孩子们一起来动手制作吧！

游戏年龄：2~7岁

准备材料

一整块面包、洋葱半个、西葫芦半个、处理好的虾 5~6 只、奶油汤包 1 人份（1 袋）、奶酪少许、玉米粒半杯、食盐 1 小勺、胡椒少许、意大利面、橄榄油

游戏效果

- 用面包装意大利面可以丰富孩子的想象力。
- 通过烹饪培养孩子的合作精神。

1 准备一块方形面包，将里面掏空。
★可以让孩子们直接用手来掏。

2 将蔬菜切碎放入煎锅中煸炒，然后放入虾仁。炒好后盛入盘中备用。

3 将奶油汤包倒入锅中煮沸，再加入刚才炒好的蔬菜和虾仁。

4 在沸水中加入适量意大利面。煮的过程中可以取出一两根面，与孩子们一起做游戏，例如把面甩向墙面等。

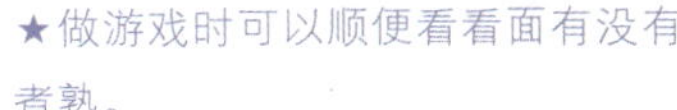

★做游戏时可以顺便看看面有没有煮熟。

5 意大利面煮熟后用橄榄油稍微煸炒一下，最后再加入刚才炒好的奶油酱。

6 将意大利面放入面包中，然后加入奶酪。

游戏应用

一直以来，我都想用意大利面来作为孩子们游戏的道具，最后我终于想出了把煮熟的一部分意大利面用来往墙上甩着玩儿的点子。这样一来孩子们既可以做游戏，又可以吃到美味的意大利面。

游戏之后孩子的改变

孩子们十分开心，因为既可以吃到意大利面，又可以吃到面包，而且他们还会互相分享美食。

No103 鸡肉汉堡

我家附近开了很多家汉堡店，而且汉堡的种类很丰富。但考虑到孩子的健康问题，我们还是不要在快餐店中购买为好。下面就和孩子们一起在家动手制作营养丰富的汉堡吧。

游戏年龄：2~7岁

准备材料

小面包 5 个、鸡胸肉 2~3 块、切片火腿 5 片、奶酪 5 片、牛奶 200ml、鸡蛋 1 个、面粉、面包屑、洋葱半个、葱少许、大蒜少许、胡椒少许、食盐少许、猪排酱少许、蛋黄酱少许

游戏效果

- 肉饼的制作过程有助于孩子手部肌肉的发育。
- 可以让孩子了解搅拌材料的感觉。

孩子的游戏反应

孩子们很高兴可以自己动手制作汉堡，而且在制作过程中还会发挥创意自己搭配材料。制作完成后也会互相分享自己的作品。

1 用绞肉机将鸡胸肉绞碎，然后加入洋葱、葱、胡椒、食盐、大蒜等搅拌均匀。

★将鸡胸肉在牛奶中浸泡 30 分钟，有助于去除肉中的腥味。

2 取出一定的馅料，用手将其揉成一个团，要左右手交替使馅料充分黏合在一起。

3 将揉好的肉团放在案板上，然后用手掌将其按平。

4 准备好面粉、鸡蛋液和面包屑。按照面粉、鸡蛋液、面包屑的顺序将肉饼裹好。

5 将肉饼放在煎锅中煎熟，再把面包从中间切开。最后将准备好的材料按照蛋黄酱、火腿、奶酪、肉饼、猪排酱的顺序一一加入面包中。

6 汉堡完成后就可以让孩子们品尝了。家中制作的汉堡健康卫生，吃起来更放心。

游戏之后孩子的改变

虽然孩子的零食一般都要从外面买，但其实一些简单的东西，我们也可以尝试着自己在家中做。而且比起买来的零食，孩子会更喜欢自己做的。

No104 生日蛋糕

因为过生日可以吃蛋糕、吹蜡烛，所以孩子们总是希望一年 365 天，天天都可以过生日。但蛋糕店里的蛋糕实在太贵了，所以我决定和孩子一起动手做蛋糕。其实只要有松糕和奶油，就可以做出美味的蛋糕。

游戏年龄：2~7岁

准备材料

松糕 1 个、鲜奶油 2 小桶、水果少许、玉米片少许

游戏效果

- 制作蛋糕能够增强孩子的自信心和自豪感。
- 装饰蛋糕有助于提高孩子的审美水平。

孩子的游戏反应

孩子们一直以为蛋糕只能在蛋糕店买到，没想到还可以自己做。所以当他们自己动手制作时都非常有成就感，而且还会迫不及待地向其他小朋友们展示自己的作品。

1 让孩子们自己动手切水果。一定要使用塑料刀，这样才不会伤到他们的手。

2 拿掉松糕下面的包装纸，用刀将松糕从中间切成两半。

3 用塑料刀将鲜奶油抹在松糕中间。
★鲜奶油可以从蛋糕店买到。

4 将剩余的鲜奶油抹在松糕的上面和侧面。适时夸奖孩子，这样孩子们才会更有干劲。

5 抹好奶油后，将水果、玉米片等装饰在蛋糕上面。

6 蛋糕做好后，插上蜡烛就可以唱生日歌了。

游戏之后孩子的改变

平时过生日时孩子们都会抢着吹蜡烛，但有了自己的蛋糕后，孩子们就可以自己吹自己的蜡烛了。

No105 华夫饼

华夫饼分为美国华夫和比利时华夫两种。两者的区别就在于美国华夫饼加入的是泡打粉，而比利时华夫饼加入的是酵母菌。我与孩子选择制作的是美国华夫饼。这种华夫饼吃起来很酥脆，而且还可以在中间加入一些坚果。

游戏年龄：2~7岁

准备材料

全麦面粉 150g、鸡蛋 1 个、黄油 30g、牛奶 130g、泡打粉 1 茶匙、白糖 60g、坚果少许、食盐少许

游戏效果

- 搅拌面粉有助于锻炼孩子的手臂肌肉。
- 让孩子了解面粉加热变熟的过程。

孩子的游戏反应

孩子们很高兴可以在家制作华夫饼，因为平时华夫饼只有上街才能吃到。而且在家制作华夫饼可以加入自己喜欢的各种材料，比外面卖的还要好吃。

1 将白糖、黄油放入大碗中搅拌均匀。白糖溶化后会与黄油自然融合。

2 放入鸡蛋、牛奶、全麦面粉继续搅拌。使用全麦面粉烤出来的华夫饼会更香。

3 加入准备好的各种坚果。如果孩子们不喜欢坚果，最好将坚果提前切碎。

4 将各种材料搅拌均匀。孩子们很喜欢看坚果消失在面粉中的样子。

5 用勺子将面粉糊倒入已进行预热的华夫饼模具中。烤的时候为了不糊，一定要注意翻面。

6 烤好后取出来晾凉。加入冰激凌或者水果酱会更好吃。

游戏之后孩子的改变

坚果营养丰富，十分有利于孩子的健康，但有些孩子并不喜欢坚果的口感。所以我们需要通过类似的游戏，让孩子对坚果产生亲近感。

No106 蘑菇巧克力

超市中有一种蘑菇巧克力，样子小巧可爱，我小时候经常吃。我想和孩子们一起动手试着做一下这种巧克力。巧克力做好后，还可以作为礼物让孩子们送给爸爸或者幼儿园老师。

游戏年龄：2~7岁

准备材料

巧克力 200g、塑料袋 2~3 个、饼干棒 10 个、巧克力模具、热水

游戏效果

- 孩子可以通过挤巧克力学会控制手部力量。
- 动手装饰巧克力有助于提高孩子的审美。

孩子的游戏反应

首先，孩子们对能够亲手制作巧克力感到神奇；其次，家中制作的巧克力比市面上的黑色巧克力更加色彩斑斓。这两点使得孩子在做游戏时能够精神集中。

1 将巧克力泡在热水中直至融化。粉色的、白色的、黑色的巧克力都行，巧克力的颜色越丰富越好，当然各种颜色的巧克力需要分开进行融化。

2 巧克力融化后将其集中在塑料袋的一角。

3 在塑料袋的一角剪一个口。

4 准备好巧克力模具和饼干棒，然后将巧克力挤到模具中。

5 在巧克力凝固之前，把饼干棒插在上面。

6 一两分钟后待巧克力凝固，再握住饼干棒将巧克力取出即可。

游戏之后孩子的改变

孩子们都觉得这么漂亮的巧克力应该送给爸爸或者姑姑作为礼物，而且还附上了亲笔信。

No107 鸡肉沙拉

在孩子们的加餐中最常出现的就是鸡肉，但总吃肉容易养成偏食的习惯，所以我们要有意识地给孩子加入蔬菜，这样做有助于孩子们养成吃菜的好习惯。酥脆的炸鸡块配上清爽的生菜，一道令人垂涎欲滴的沙拉就完成了！

游戏年龄：2~7岁

准备材料

鸡肉 1 块、牛奶 200ml、咖喱粉 1 勺、淀粉 4~5 勺、面包屑 200g、胡椒少许、生菜、沙拉酱、食盐少许、坚果少许

游戏效果

- 让孩子了解淀粉的触感。
- 让孩子对蔬菜更有亲近感。

孩子的游戏反应

孩子们似乎很喜欢和面时面团柔软的感觉，所以和面的时候总会争先恐后。这时妈妈一定要做好引导工作，让孩子养成谦让的好习惯。

1 把鸡肉放入牛奶中浸泡 30 分钟，这样有助于去除鸡肉的异味。

2 准备一个碗，将淀粉、胡椒、食盐、咖喱粉等放入其中。

3 让孩子来和面，这样可以培养孩子的手部触感。

4 把鸡肉放入面糊中，再将裹好面糊的鸡肉放在托盘上。

5 将蘸好面包屑的鸡肉放入油锅中炸制。在妈妈炸鸡肉的这段时间，孩子们要把生菜撕成小块。

6 将生菜铺在碗底，炸好的鸡肉放在生菜上面，最后再撒上坚果和沙拉酱即可。

游戏之后孩子的改变

外出就餐时，孩子们必点的一道菜就是鸡肉沙拉。而这样亲自动手制作后，孩子们都觉得家中制作的沙拉更好吃。

No108 Hello Kitty夹心饼干

无论是饼干还是零食，孩子们往往都更喜欢有卡通人物的。但是一般有卡通人物的都会比普通的要贵出很多。所幸的是现在有很多卡通饼干模具，所以我们可以在家中制作卡通人物饼干，例如Hello Kitty。如果再加入巧克力，就是夹心饼干。

游戏年龄：2~7岁

准备材料

富强粉130g、鸡蛋1/2个、花生酱30g、黄油50g、白糖60g、泡打粉少许

游戏效果

- 卡通人物能增强孩子对食物的兴趣。
- 制作饼干能够锻炼孩子的手部肌肉。

孩子的游戏反应

比起直接用手做饼干，孩子们更喜欢使用饼干模具。

1 先将黄油和白糖放入碗中搅拌，然后加入鸡蛋继续搅拌。

2 把准备好的面粉、泡打粉等筛一下，然后放入碗中按“#”字形进行搅拌。

3 面团和好后放入塑料袋中放置 30 分钟。

4 用擀面杖将面团擀平。

5 然后把模具放在面饼上刻出卡通图案。尽量让孩子们自己来刻。孩子们会做得非常开心。

6 将饼干放入 180 摄氏度的烤箱中烤制。烤好后既可以直接吃，也可以涂上一些糖稀或者花生酱后再享用。

游戏之后孩子的改变

对于孩子们来说，自己做的东西永远是最好吃的。而看到他们开心的样子，我又生出了让孩子们直接在饼干上画画的想法。

No109 薄煎饼冰激凌卷

薄煎饼不仅制作简单，而且味道非常好，十分受孩子的欢迎。在薄煎饼中加入冰激凌，吃起来既冰爽又绵密，可谓相得益彰。而且因为冰激凌被薄煎饼包裹着不会太凉，大人小孩都可以吃。

游戏年龄：2~7岁

准备材料

巧克力蛋糕粉半袋、鸡蛋 1 个、牛奶 120ml、冰激凌 2~3 勺、核桃仁少许、油

游戏效果

- 孩子在用薄煎饼卷冰激凌时可以学会控制用力。
- 孩子可以品尝到薄煎饼冰激凌冰爽绵密的口感。

孩子的游戏反应

为了防止冰激凌外漏，孩子们在卷薄煎饼的时候都格外认真。

1 将牛奶和鸡蛋倒入碗中，再加入巧克力蛋糕粉搅拌均匀。

2 先将核桃仁放到热水里煮一下，然后再放入凉水里涮一下。如果不喜欢核桃仁上的皮，也可以在放入烤箱烤制之前将其去掉。这个工作可以交给孩子们来做。

3 如果核桃仁过大，可以用手将其碾碎。处理好后再放入面糊中。

4 在煎锅中倒入适量的油，加热后将面糊倒进去。

5 薄煎饼做好后，在上面铺上冰激凌。

6 用薄煎饼将冰激凌卷起来。因为冰激凌很快就会融化，所以一定要快点吃。还可以用塑料袋包好放入冰箱进行冷冻，只需 10 分钟即可。

 **游戏之后孩子的改变**

冰激凌虽然很好吃，但常吃容易拉肚子。这样用薄煎饼卷起来，可以减少孩子吃冰激凌的量。

No110 蜜糖吐司

蜜糖吐司一般只有在咖啡厅里才能吃到，但是咖啡厅往往客人太多，带着孩子去有些不方便。而对于孩子们来说，家是最舒服的地方了，所以我决定在家和孩子们一起制作蜜糖吐司。下面就一起来动手制作吧。

游戏年龄：2~7岁

准备材料

面包 1 块、黄油 100g、龙舌兰糖稀少许、荷兰芹少许

游戏效果

- 通过切面包孩子可以学会控制间隔距离。
- 孩子可以将荷兰芹抛向空中玩下雪的游戏。

孩子的游戏反应

以前买回面包之后，孩子们只会挑最好吃的部分吃，但是自从做了蜜糖吐司游戏后，孩子们再也不会这样了。

1 将黄油与龙舌兰糖稀混合在一起。

2 准备一块面包，让孩子们用塑料刀把面包像棋盘一样横竖等分切开。

3 注意切的时候不要切到底，切到中间即可。

★在游戏过程中，如果孩子偷吃面包也不要批评，毕竟这只是游戏。

4 不管面包切得好还是坏，孩子们都会有一种成就感。

5 将混合好的黄油糖稀涂在面包中间，用面包刷填满每个缝隙。

6 最后撒上少许荷兰芹，放入烤箱烤制 10 分钟。待黄油融化后，香甜的蜜糖吐司就做好了。

游戏之后孩子的改变

孩子们做得比我预想中的要好。虽然成品不是很美观，但却融入了孩子们的创意。而且在游戏过程中，孩子们的认知能力得到了提高。如果孩子很小的话，最好能开发一些更适合他们年龄的简单游戏。

No111 郊游甜点便当

制作甜点时最好提前确定好主题。比如在适合郊游的季节，就可以以郊游为主题，制作郊游便当。这样，我们可以和孩子一起把面团捏成紫菜包饭、三明治的形状。下面就一起以郊游为主题制作甜点便当吧！

游戏年龄：2~7岁

准备材料

速冻面团

游戏效果

- 通过变换游戏主题丰富孩子的想象力。
- 揉面团有助于孩子手部肌肉的发育。

孩子的游戏反应

孩子们非常喜欢与家人一起去郊游。但是郊游计划往往会因为父母太忙或是天气不好而破产。所以为了不让孩子们失望，我准备了这项可以在家里做的郊游游戏。

1 拿出从网上购买的各种彩色速冻面团。

2 将面团解冻后，用擀面杖擀平。

3 将面片多余的部分用塑料刀切掉，然后把白色面团放在上面擀平。

4 将其他颜色的面团揉成长条。

5 用橘黄色的面做胡萝卜、绿色的面做黄瓜、紫色的面做香肠，按顺序摆放好后就可以开始卷了。

6 用刀将面卷切成小片，然后放入烤箱中烤制10分钟，这样一盘美味的紫菜包饭就完成了。

游戏之后孩子的改变

如果问孩子“说到郊游，你会想到什么”，我们一定会得到很多种答案。但无论是紫菜包饭、三明治还是饮料，都可以成为孩子们的游戏内容。即便孩子做得不是很好，也要多多夸奖，因为这样做有助于增强孩子的自信心。

No112 多表情豆馅面包

豆馅面包是大家最喜欢的面包之一，而且圆圆的豆馅面包很容易让人联想到表情丰富的人脸。所以我让孩子们尝试着按照爸爸、妈妈、哥哥、弟弟的样子制作美味的家庭面包。孩子们制作面包的样子真是天真烂漫，可爱极了。

游戏年龄：2~7岁

准备材料

富强粉 265g、黄油 30g、豆馅（红豆馅）400g、奶粉 5g、鸡蛋 50g、水 105ml、酵母 6g、食盐 3g、白糖 38g

游戏效果

- 能让孩子回忆起过去和家人在一起的时光。
- 和面有助于孩子手部肌肉的发育。

孩子的游戏反应

孩子们会按照记忆制作妈妈、爸爸以及对方的表情。通过这个游戏，孩子们可以进一步理解各种表情的含义。

1 和面完毕后放置一段时间，一次发酵后挤出面团里多余的气体。

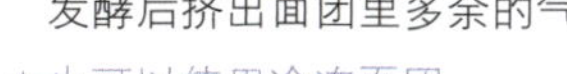

★也可以使用冷冻面团。

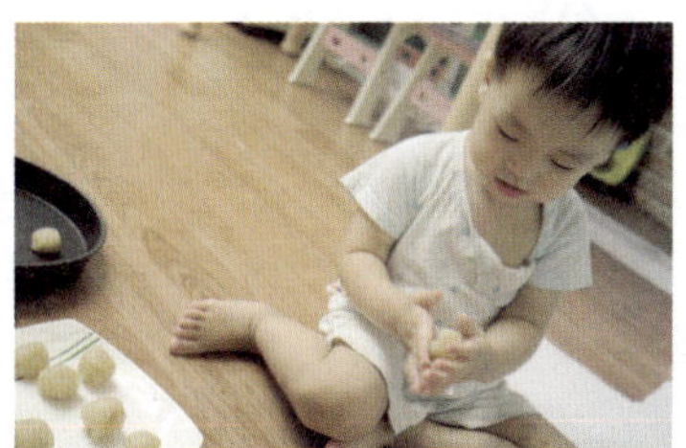

2 将豆馅分成小块揉成团。

3 将豆馅放入面团中包好，然后用手将其按平做成面饼。

4 利用剩余面团，在面饼上制作人物表情。这时孩子们会想到多种多样的表情。

5 将制作好的面包放在铁盘上，再将鸡蛋和水的混合溶液刷在面包表层上。

6 在 180 摄氏度的烤箱里烤制 10~15 分钟。

★面包大小不同，烤制时间也略有不同。

游戏之后孩子的改变

虽然是制作面包的游戏，但是在游戏过程中孩子们也会仔细研究各种表情。

No113 水果酱饼干

做面包和做饼干都是较具代表性的烹饪游戏。其中，饼干由于不用发酵，所以制作起来相对简单，保管时间也更长，非常适合孩子们来做游戏。这一次要做的是花型饼干，加入了孩子们喜欢的草莓酱。因为非常漂亮，所以也可以作为礼物送人。

游戏年龄：5~7岁

准备材料

富强粉 500g、黄油 250g、鸡蛋 2 个、白糖 150g、食盐 10g、草莓酱 100g、花型模具（大小各 1 个）

游戏效果

- 孩子可以通过擀面学会控制力量。
- 制作饼干有助于孩子手部肌肉的发育。

孩子的游戏反应

如果孩子们搅拌起来太困难，妈妈也可以教给孩子们一些小妙招。孩子们会受此启发，寻找出更多的方法。

1 先将黄油和白糖放入碗中搅拌，然后加入鸡蛋继续搅拌。

2 将富强粉筛一下，接着倒入碗中，按“#”字形进行搅拌。

3 用擀面杖将面擀平，然后用模具在面饼上刻出饼干的形状。

4 先用大模具刻出两朵大花，然后再用小模具在其中一朵大花中间刻出一朵小花。将刻好的两朵大花合并在一起，再在中间加入草莓酱。

5 剩余的面饼不要扔。如果有其他形状的模具，还可以用来做其他形状的饼干。

6 将饼干放在铁盘上，撒上糖粉，然后放入 180 摄氏度的烤箱中烤制。烤好晾凉后便可以吃了。

 **游戏之后孩子的改变**

因为有饼干模具，所以就算妈妈不帮忙，孩子们自己也可以做出漂亮的饼干。因此孩子们很喜欢用模具制作饼干，而且制作好后还可以送给朋友。所以家中一定要准备一两个孩子喜欢的饼干模具。

No114 红豆刨冰

红豆刨冰是夏天最具代表性的美味冷饮之一。孩子们都非常喜欢红豆刨冰。但是外面卖的红豆刨冰既贵又不利于健康，每次给孩子买完之后我都会后悔。所以我们不妨在家中和孩子们一起制作更为健康的红豆刨冰。

游戏年龄：2~7岁

准备材料

冰块 6~10 块、红豆 2 勺、蓝莓 5~6 个、牛奶 50ml、水果 1 勺、年糕少许、玉米片少许、炼乳少许

游戏效果

- 让孩子了解多种食物混合后的味道。
- 孩子可以观看刨冰的过程。

孩子的游戏反应

因为加入了孩子们喜欢的配料，所以孩子们非常爱吃。而且所有的配料都是健康的，孩子们也可以自己搭配各种食物。

1 准备好孩子们喜欢的各种配料。如果孩子喜欢水果，也可以准备一些水果。

2 将冰块放入刨冰机。妈妈要先做示范并说明注意事项。

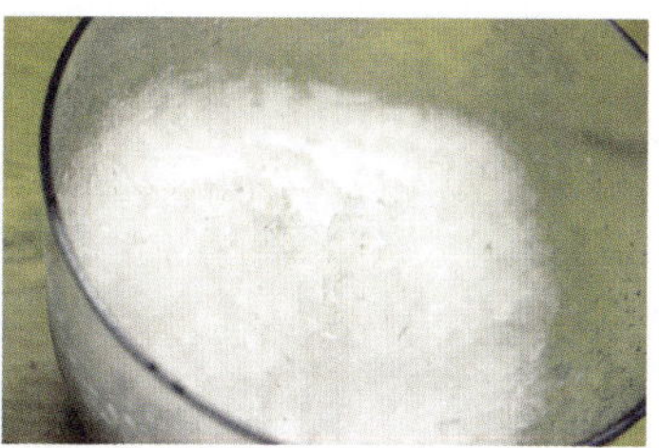

3 冰被刨好后，先让孩子们用手摸一摸，让他们感受一下冰沙的触感。

4 将冰沙分别倒入两个碗中。

5 让孩子们按照自己的喜好加入配料。

6 最后在冰沙上倒入牛奶或者炼乳即可。

★红豆刨冰虽然制作方法很简单，但既可以达到祛暑的功效，又可以利用游戏时间教给孩子们有关雪和冰的知识。

游戏之后孩子的改变

“妈妈，为什么冻冰的时候只加水？加入果汁或者牛奶不行吗？”孩子这样问我。这是大人们想不到的，因为我们一直默认红豆刨冰中只能加冰。就像这样，游戏中只要得到一点点启示，孩子们就能发挥出无限的创意。

图书在版编目（CIP）数据

好妈妈每天10分钟的亲子游戏/（韩）金姝延著；李小晨译. —北京：北京联合出版公司，2015.9

ISBN 978-7-5502-5633-0

Ⅰ.①好… Ⅱ.①金…②李… Ⅲ.①儿童教育—家庭教育 Ⅳ.①G78

中国版本图书馆CIP数据核字(2015)第152999号

北京市版权局著作权合同登记号 图字：01-2015-4394

好妈妈每天10分钟的亲子游戏

作　　者：（韩）金姝延

译　　者：李小晨

选题策划：北京时代光华图书有限公司

责任编辑：陈　昊　王　巍

特约编辑：彭　婷　陈　静

封面设计：新艺书文化

版式设计：曾　放

北京联合出版公司出版

（北京市西城区德外大街83号楼9层　100088）

北京旭丰源印刷技术有限公司印刷　新华书店经销

字数155千字　787毫米×1092毫米　1/16　17印张

2015年9月第1版　2015年9月第1次印刷

ISBN 978-7-5502-5633-0

定价：48.00元
